中华人物故事汇

中华先烈人物故事汇

狼牙山五壮士

军事科学院解放军党史军史研究中心

学习出版社

中华先烈人物故事汇
《狼牙山五壮士》编委会

目　录

Contents

引子

抗日战争时期，在河北省易县狼牙山战斗中英勇抗击日伪军的八路军5位战士，用生命和鲜血谱写了一首气吞山河的壮丽诗篇。他们是八路军晋察冀军区第1军分区1团7连6班班长、共产党员马宝玉，副班长、共产党员葛振林，战士宋学义、胡福才、胡德林，被誉为“狼牙山五壮士”。

狼牙山坐落在河北省保定市易县西部太行山东麓，属太行山脉，距县城40余公里，因其奇峰林立，峥嵘险峻，状若狼牙而得名。

1941年8月中旬，侵华日军华北方面军在晋察冀根据地周围集结日军6万余人，伪军1万余人，并区分为“进攻兵团”和“封锁兵团”，由新上任的方面军司令官冈村宁次统一指挥，采取“铁壁合围”“梳篦清剿”等战法，对晋察冀抗日根据地的北岳、平西地区进行大规模“扫荡”，企图围歼我党政军领导机关和主力部队。

9月24日，敌3000余人分多路搜剿涞源、易县、徐水、满城之间的狼牙山地区。第1军分区1团7连奉命掩护4个县的党政机关和群众转移，完成任务撤离时，留下6班班长马宝玉带领4名战士担负阻击任务。25日，5位战士利用地形，边打边撤，英勇阻击，将敌诱至狼牙山绝境，先后打退敌人4次冲击，毙伤敌90余人。在打完最后一颗子弹和手榴弹的情况下，面对步步逼近的敌人，他们齐声喊道:“宁死也不当俘虏！”

班长带头毁掉枪支，大声说:“同志们，跟我来！”说完他纵身跳下悬崖，其他战士紧随其后。马宝玉、胡德林、胡福才壮烈殉国，葛振林、宋学义被山腰树枝挂住，幸免于难。

时任晋察冀军区司令员聂荣臻为狼牙山五勇士题词:“视死如归本革命军人应有精神；宁死不屈乃燕赵英雄光荣传统。”

狼牙山五壮士是全民族抗战中八路军与日伪军作战的一个英雄群体，他们表现了热爱祖国、热爱人民、不怕牺牲、宁死不屈的革命英雄主义精神和大无畏的英雄气概。重温这一历史片段，我们依然会被抗日英雄们可歌可泣的壮举所感动激励。在新时代，学习传承英雄精神，勇于担当奉献，让璀璨的英雄精神之光为我们导航引路，为实现中国梦强军梦凝聚磅礴力量。

01 勇士参军记

参军打东洋

1920 年 10 月的一天，位于河北省蔚县壶流河北岸的陈家洼乡元皂村，一户姓马的农户喜得一男娃。这是马家妻子生的第三个娃，前两个都是女孩。对于穷苦贫寒的农民家庭来说，生了男丁，无疑就是为家里添了一根顶梁柱，增添了新的希望。男娃不仅可以承接延续马家的香火，还是家里不可或缺的劳动力。

儿子的到来，使这位农民父亲十分欣喜，他备了份厚礼，特意去请有学问的族长给儿子起个中意的名字。族长十分理解他的心情，思忖了一会儿，便说道："就叫宝玉吧，小名润堡子。"

父亲对这个名字很是满意，他也把全部的希望都寄托在宝玉身上。

宝玉从小长得虎头虎脑，十分逗人喜爱，不仅是父母的掌上宝，也被爷爷奶奶看作心肝宝贝，两个姐姐也是格外宠爱着弟弟。爷爷奶奶和父母一年到头不停地辛勤劳作、省吃俭用，为的就是将来好好地培养宝玉。

宝玉 7 岁时，父亲拿出积攒下来的一点钱，送他去读私塾。一年后，因宝玉又有了一个弟弟和两个妹妹，父亲也年龄大了，身体再也不如以前，家里日子难以为继，没钱供宝玉继续读书，只好让宝玉回到家里帮助干些农活和家务。

宝玉 13 岁那年，父亲因病不幸早逝，年过花甲的爷爷强忍悲痛，卖掉家里唯一的一匹骡子，为父亲办了丧事。家里的那根顶梁柱倒了，只能靠年迈的爷爷耕种着那几亩薄地，生活更加艰难。两年后，宝玉的母亲也患重病离开人世。爷爷受不了这接二连三的打击，不久，也在饥寒交迫中逝世。为了安葬爷爷，宝玉和奶奶又不得不卖掉了家里的几亩地。从此，全家人失去了生活的来源。为了养活宝玉和弟弟妹妹，奶奶又狠下心将两个姐姐和一个妹妹送给人家当童养媳。

姐姐和妹妹被领走那天，全家人搂抱在一起哭作一团，那撕心裂肺的哭喊声，像一把锋利的尖刀刺在了马宝玉的心上。他虽然从小受到家人的宠爱，但燕赵大地这块沃土却培养了他刚烈的风骨。苦难的磨炼以及悲惨的命运，培育了他不屈的性格和远大的志向。他在心里暗暗发誓："我现在是家里的顶梁柱，一定要担负起养活全家人的担子，要出去多多挣钱，早点把姐姐妹妹全都赎回来。"

不久，马宝玉带着9岁的弟弟宝山开始了辛酸的流浪生涯。小哥俩儿翻山越岭，走街串巷，跑遍了蔚县的沟沟坎坎找活干。他们给人家放羊、喂猪，跑腿打杂什么都干。有时遇到好心的人，给几个钱，宝玉舍不得花一分，全都送回家里给奶奶和小妹。有时找不到活，兄弟俩就沿街讨饭，时间一久，他俩成了远近皆知的"要饭花子"。

朝不保夕的生活总不是长久之计，马宝玉为了让弟弟能有一口饭吃，自己也得学个谋生的手艺，他来到宣化县深井的一家点心铺当学徒。说是当学徒，店里所有活计都归他干，挑水、推磨、洗衣、做饭、搞卫生，每天起早贪黑，总有干不完的活，老板还嫌他干得慢，经常打骂他。干了半年后，日本侵略中国，占领华北，进入深井，点心铺被迫关门，马宝玉的学徒也干不成了，他回到了家乡。

马宝玉的家乡也经常受到日本鬼子的侵扰，日寇到处杀人放火，抢粮抢物；当地的汉奸恶霸也趁机横行乡里，欺压百姓。马宝玉看到穷苦百姓挣扎在水深火热之中，到处是悲惨的景象，心里很不是滋味，仇恨的种子不断地在心中生长。

1937 年 10月的一天，太行山脚下的壶流河畔,传来了振奋人心的喜讯:“八路军解放了蔚县城！”

喜讯像一阵春风，吹遍荒落的村庄，飞进穷人的心田，男女老少奔走相告，笑逐颜开，抗日情绪空前高涨。

一天，马宝玉刚参加完村里的抗日宣传活动，听说八路军部队要招兵了。他兴冲冲地跑回家，跟奶奶说:“奶奶，八路军要招兵啦，我想参加八路军，去打东洋鬼子！”

奶奶高兴地看着像个大人似的马宝玉，连声

说:“好！好！宝玉长大了。”

老人嘴上说是同意，但心里还是舍不得这个苦命的孩子，眼泪不由自主地流了下来。

宝玉看到奶奶哭了，就安慰着说:“奶奶，不打跑东洋鬼子，咱老百姓就没有好日子过。现在弟弟和小妹也都能干活了，先让他们照顾您，照顾好家，等把日本鬼子赶走了，我就回来照顾您。”

奶奶擦着眼泪说:“孩子，奶奶是高兴，你当八路军去吧，别惦记我和家里。”

几天后，马宝玉和村里的几个青年人一起，告别亲人，来到了八路军部队。马宝玉被编入晋察冀军区第 1 军分区 1 团 7 连 6 班当战士。由于马宝玉工作积极，作战英勇，两年后，他光荣地加入了中国共产党，并被提升为 7 连 6 班班长。

上阵叔侄兵

马宝玉所在的 6 班有两名同姓的战士，一名叫胡福才，一名叫胡德林。他俩同在一个村，而且按农村辈分他俩是叔侄关系。叔是胡福才，1913年10月出生；侄子是胡德林，1917年7月出生，比叔叔小4岁，都是河北省容城县平王乡郭村人。

郭村是个土地肥沃的小村庄，盛产粮棉，可大片肥沃的土地都被地主老财霸占着，多数百姓无一分田地，长期过着穷苦贫困的日子。胡福才家租种了地主的两亩地，每年打下的粮食和收获的棉花，交完租子后就所剩无几。家里粮食不够吃，胡福才就到山里摘些山核桃、野果子拿到城里卖点钱，换点食物贴补过日。

胡德林比胡福才更不幸，父亲从小给地主扛长工，一年到头累死累活，家里常是吃了上顿没下顿。父亲年纪轻轻便积劳成疾，常年患病，还得拖着病体为地主干活。然而，破屋偏遇连阴雨，在胡德林五六岁的时候，父亲病情加重，长期卧床不起。母亲不得不借钱拉债给父亲治病。小小的胡德林经常要做的一件事就是跑药铺给父亲抓药。母亲卖光家产，连陪嫁的一对镯子也拿到当铺换了钱抓药了。然而，父亲的病始终不见好转。在寒冬腊月的一天，父亲撇下他们母子撒手人寰。

母亲带着年幼的胡德林，生活更是困难重重。后来，在好心人的再三劝说下，母亲改嫁到本县李郎村姓安的人家。继父家境并不富裕，除仅有的两亩田外，其他一无所有。由于缺少劳动力，小小的胡德林每天都要随继父下地干活，辛辛苦苦地劳作一年，也只能勉强维持生活。后来，村里的一户恶霸为了霸占他家的这两亩地，给继父捏造罪名，抓进官府，官府不问青红皂白，就把继父送去做了一年苦役。继父连气带累，落下了一身的病痛，再也不能下地干活了，家中日子过得越发艰难。

胡德林看在眼里，心里时常愤愤不平：这个世道太不公平了！他发誓，有朝一日定要惩治那些有钱有势的黑心人，打倒那些欺压百姓的恶霸官吏！

郭村和李郎村相距不远，地界相连。叔侄俩常在一起种地，脾气也相投，平日里交往很多，无论遇到大小事，总在一起商量。有一次，胡福才无意间打死了一户有钱人家的鸭子，那家人要求赔一只还不行，必须加两倍赔偿，并威胁说：“如果 3 天内不送钱来，就把胡福才送官府治罪。”胡福才不敢回家，便跑到李郎村侄子胡德林家躲避。

胡德林听了叔叔的诉说，非常愤慨，积满的仇恨再次涌上心头。

胡福才说：“现在家不能待了，不如咱俩出去闯闯吧。”

胡德林早有这个想法，只是担心妈妈没人照顾。听叔叔这么一说，他又动心了。于是，二人连夜收拾行李，悄悄离开家乡，直奔县城而去。

叔侄俩来到容城县城，为了挣口饭吃，他们什么活都干。白天干最苦最累的活计，晚上就在城楼底下找个角落过夜。他们虽吃尽了苦头，但也锻炼出了一副好身板，磨炼出了不屈不挠的坚强意志。

抗日战争爆发后，容城陷落，城里商人、达官贵人和百姓纷纷外逃。日寇实行“强化治安”和“奴化”政策，肆意屠杀手无寸铁的老百姓，到处奸淫烧杀，见东西就抢，整个县城被洗劫一空。胡福才和胡德林找不着活干，东躲西藏，饱一顿，饥一顿。他们望着城门楼上的“膏药旗”怒骂道：“不要看你们这些龟孙子现在横行霸道，老子早晚要叫你们去见阎王！”

1938年7月，胡福才和胡德林听说八路军正在攻打容城的鬼子，二人急忙赶到城外，主动帮着八路军运弹药、抬伤员，送水送饭。战斗打了一天一夜，八路军攻下容城，消灭了不少日伪军，剩下的鬼子弃城出逃。

八路军在城里召开庆祝大会，动员和发动群众积极参加抗日。人们欢欣鼓舞，到处洋溢着节日般的气氛。避难出走的群众也都纷纷回来了，许多青年踊跃报名参军。叔侄俩看到这种情景，真是喜出望外，二人一商量：“我们参加八路军去吧，跟着共产党打鬼子！”于是，胡福才和胡德林来到参军报名处。

负责登记的干部一看是参加支前的两个青年人，便说：“你们的任务完成得很好，现在回家去吧！”

叔侄俩一听急了，立刻表示：“俺们俩早就没有家了，俺要跟你们一起打鬼子，留下我们吧！”站在一旁的首长看他俩态度很坚定，就详细询问了他们的情况，最后答应把他俩留下，说道：“那你们就登记一下吧。”

随后，他们把姓名、年龄、籍贯等报给征兵干部作了登记。开始，他们被分到了新兵连，叔侄俩还编在了一个班。后来，部队转战中原，不断进行整编，他们又同时被分配到晋察冀军区第 1 军分区 1 团 7 连 6 班，班长就是马宝玉。

游击队员转正

在马宝玉的 6 班里，还有位苦大仇深的战士，名叫宋学义，1918 年出生，河南省沁阳县王曲乡北孔村人。沁阳县王曲乡属于太行山区的余脉，北孔村又紧靠沁河，因地势低洼，每到雨季，沁河周围就泛滥成灾，田地被淹，农民辛辛苦苦种的庄稼全泡在水里，时常颗粒无收。加上兵荒马乱，官府和恶霸的盘剥，老百姓的日子苦不堪言。每当遇上大灾之年，人们只有背井离乡，逃荒要饭。

宋学义出身于雇农家庭，年迈体弱的爷爷耕种着家里的两亩薄田，父亲则长年给地主家打长工，全家人一年到头累死累活，也没过上一天的好日子。宋学义从小到大就没吃过一顿饱饭，没穿过一件好衣。

有一年冬天，北风呼啸，家里早就断了粮，七八岁的宋学义实在饿得不行，便出去讨饭。由于穷人多，饭也要不到，便到地主门前要。突然，地主家的狗“汪汪”叫着扑上就咬，小学义吓得回头便跑，碗也摔碎了，腿上被大黄狗咬了一个大口子，鲜血直流，回到家里母亲抱着他大哭。

为了生计，刚满 10 岁的宋学义就被父亲送进沁阳县城一家面铺当童工，小小的年纪干着大人干的活计，整天累得筋疲力尽，还时常遭到老板的训斥和打骂。宋学义受到欺负和委屈，既不能反抗，又不敢哭，只好忍气吞声。每当这时他就特别想家、想父母和亲人。有一次，宋学义实在忍受不了，便偷偷跑回了家中。父亲一听说他回家来，掌柜的和师父都不知道，生气极了，狠狠地把宋学义揍了一顿。第二天，父亲就带着他还托了亲戚来到面铺向掌柜的谢罪。

大掌柜说:“这孩子还小，干不了什么活儿，你们还是领回去吧！”父亲一听赶忙给掌柜的下跪:“求求您老人家收下他吧，只要有口吃的就行！”亲戚也在一旁为宋学义求情，面铺掌柜这才勉强答应把他留下了。

日本鬼子进犯中原后，河南成为日寇的俎上肉，鬼子的飞机轮番轰炸，人民流离失所，苦不堪言。宋学义的家庭接连遭受不幸。先是他的爷爷在贫困交加中病逝，家中无钱安葬爷爷，就向地主家借了 10 块银圆的高利贷。穷苦人家一旦背上高利贷，就永无出头之日。也就是这高利贷，最终把这个羸弱的家庭彻底压垮了。

几年后，高利贷利滚利，竟然变成了 40 多块银圆的沉重债务。狠心的地主逼上门来，硬是把宋家仅有的两亩保命田夺走了。从此，全家人的生活更是没有了着落。

家运不济，国难临头。七七事变后，日本侵略军侵占华北，国民党军队向南败退，到处兵荒马乱，民不聊生，宋学义打工的面铺也关张了。失去了谋生的机会，他只好颠沛流离跟着别人打零工。

到后来打零工也找不到活路，宋学义便沿街乞讨，返回家乡。

1938年春，宋学义年幼的小妹被地主老财抢走顶了地租，弟弟在逃难中遭遇日军，被日本鬼子一刀捅死。父母亲承受不了这样的打击，一病不起，因无钱医治，病情越来越重。不久，父母就双双离开人世。

埋葬了双亲，宋学义含泪离开家乡，开始四处流浪。

1939年夏天，宋学义流落到济源王屋山。连续几天都没吃上一顿饱饭了，他又饿又热，摇摇晃晃地走在街上，进了一户人家的大门正要讨口饭吃，忽然看见前面走过来一支队伍，宋学义撒腿就跑。一位老乡一把拽住他，说："别害怕，这是咱们穷人的队伍，专门打鬼子的。"

原来这是抗日游击队沁河支队。宋学义一听说这是个打日本鬼子的队伍，便找到支队长，诉说了自己的遭遇，坚决要求参加游击队。从此，宋学义就扛起了枪，跟着游击队，走上了抗日救国的道路。后来，沁河支队被编入八路军主力部队，转战到晋察冀抗日根据地，宋学义被编入晋察冀军区第1军分区1团7连6班。

抗日骨干进军营

马宝玉的6班里还有一位副班长葛振林。

1917年8月，葛振林出生在河北省保定市曲阳县党城乡喜峪村，这是一个贫穷的小山村，山多田地少，石头是这里的特产，百姓的生活过得异常的艰难。

葛振林7岁的时候，母亲得了重病，山区缺医少药，不久便离开了人世。失去母爱的孩子自立早，他从小就学会了上山采野果充饥，帮忙家里割草打柴，还跟着父亲到20多里外的灵山镇驮煤到集镇去卖钱。曲阳县是出石头的地方，因此，从事石头雕刻工艺的匠人比较多。葛振林听乡亲们说，进山背石头，送到石匠铺，要比割草、采山货挣的钱多，于是他便和大人们一起进山背石头。由于年小体弱，难以支撑石头的重压，尽管他使出全身力气，累得头晕眼花，也不及大人背的一半多。没过多久，他又跟着亲戚下了煤窑，当了4年的“煤黑子”。

1937年七七事变后不久，日寇侵占保定，曲阳县喜岭村周围数十里的村庄都被日本鬼子的“三光政策”洗劫殆尽，日寇制造了多起惨绝人寰的惨案。很多乡亲都被鬼子杀害，葛振林家里的房屋也被烧毁。

喜峪村与党城乡之间有一片河滩，又平又宽，河套时常干涸。河滩里长着一排白杨树，高大的树冠给河滩罩下一片浓荫，显得格外凉爽。以往，葛振林和小伙伴们每逢去党城赶集，都要在这里歇凉，有时还摔上几跤玩上一会儿。自从鬼子在党城安了据点后，这里便被鬼子霸占了。鬼子常常拿中国老百姓取乐，只要看见从这儿过的小伙子，就强拉过去与他们摔跤，摔赢了就哈哈大笑，若是摔输了就发怒动武。前几天，村里有个叫二牛的小伙子就让一个叫“一撮毛”的鬼子故意找茬儿给打了一顿。

一天，葛振林挑着担子要去党城赶集，父亲知道前几天发生的事情，怕遇上鬼子在河滩上伤人，便劝葛振林:“从河套上头绕过去。”

“这是咱中国人的地方，我干吗绕着走！”葛振林挑起担子径直朝通往河滩的路上走去。父亲站在院里急得直跺脚。村里有两个伙伴，见葛振林毫无顾忌地朝河滩那里走，也挑着担子跟了上去。

太阳像个大火球高高挂在天上，烤得人们身上热辣辣的。葛振林和伙伴们顶着烈日，挑着担子汗流浃背地来到了河滩口。

“振林哥，鬼子。”一个伙伴警觉地喊了一声。葛振林一看，果然在白杨树下的河滩上躺着两个鬼子兵，走在前面的伙伴有点犹豫了。

“振林哥，咋办？”

“往前走啊！”葛振林抢先一步走在了前面。当他们走近时，一眼就看见那个露着大肚皮、胸窝上长着一撮长毛的鬼子兵。前些天，打伤二牛的就是他。看着这些在中国土地上飞扬跋扈的日本鬼子，葛振林恨得咬牙切齿。“一撮毛”听到有人走过来，一眼瞅见葛振林，便勾了勾食指挑衅地说:

“你的过来，有胆量摔跤的干活。”边说边扭动肥胖的身子一跩一跩地走到路边。

小伙伴扯了一扯葛振林的衣角，轻声说：“振林哥，这小子没安好心，别理睬他。”

葛振林似乎没听到伙伴的劝告，“啪”地撂下挑子，把衣服一甩愤愤地说：“摔就摔，怕你咋的？”

葛振林这副架势，倒使那胖鬼子一愣。随后，他像野猪似的扑向葛振林。另一个鬼子叉着腰站在一旁露着一口黄板牙得意地笑着。

葛振林见“一撮毛”猛扑上来，便迅速叉开双腿呈弓字步稳住身子，同时，伸出双手紧紧拽住胖鬼子的裤腰带。胖鬼子龇牙咧嘴，呼哧呼哧喘着粗气，想一下子将葛振林摔倒。葛振林早有防备，沉着应战。他两只脚像两把钢叉似的牢牢扎在沙地里，胖鬼子猛拉了几下，没有撼动葛振林，鬼子又气又恼，脑门上沁出汗珠子。葛振林面对这个恣意杀害和欺侮中国同胞的刽子手，浑身热血直往上涌，怒火在心中燃烧。他两腿一蹬想借胖鬼子来势凶猛的冲力，顺势把他摔倒。不料胖鬼子似乎有些功底，他见葛振林一挪步，便用脑袋死死地顶住葛振林的下巴，使葛振林失去发挥攻势的机会……

“振林哥，摁住他的脑袋！”伙伴连声呼喊着，恨不得上去助一臂之力。

听到伙伴们的呼喊，葛振林意识到必须马上扭转阵势，战胜鬼子，决不能给中国人丢脸，让鬼子逞凶狂。

突然，葛振林佯装摇晃倒退的样子，胖鬼子以为葛振林招架不住了，心里一阵狂喜，脑袋不由往里一缩，葛振林瞅准时机，两手使劲掐住鬼子的喉咙。同时，抬起右脚对准胖鬼子的小肚子用力一蹬，只听“哎哟”一声，胖鬼子顿时像泄了气的皮球，葛振林乘势又跨上一步，抓起鬼子的胳膊一个秋风扫落叶之势，把胖鬼子摔倒在地。

“赢了！赢了！”伙伴们高兴地跑过去，一起抱住葛振林欢跳起来。

胖鬼子气得脸色煞白，眼睛发红，摇摇晃晃地爬了起来，他像发了狂的疯狗一样向葛振林反扑上来。

“振林哥，快走吧，鬼子输红眼啦！”

“捡粪的碰上驴粪蛋，不走了！”葛振林锐气逼人，放开架势。

这一回，“一撮毛”撕开上衣，露出胸前挂着的一只小铜像，这是鬼子兵踏上中国领土之前，日本法西斯发给他们的“护身符”。据说，佩戴上它能逢凶化吉，保佑运势。胖鬼子气急败坏地冲过来，葛振林心想，你装神弄鬼我也不怕。他胆大心细，沉着应战，不到一袋烟的工夫，胖鬼子又被葛振林撂倒在白杨树下啃泥去了。

葛振林朝胖鬼子鄙视一眼，转身掸了身上的尘土，从伙伴手里接过衣服往肩头一搭，挑起担子便朝前走。胖鬼子哪里咽得下这口气，端起刺刀追了上去。

“振林哥，刺刀！”伙伴惊叫一声。

葛振林放下担子，抽出扁担迎了上去。“啪”地一下把鬼子的刺刀挑开，顺势一个箭步，又一扁担把刺刀打落在地。几个伙伴也都操起扁担像卫兵一样站在葛振林的身旁。正在这时，河滩上相继来了许多赶集的乡亲，他们闻声跑过来，手握扁担对鬼子大声呼喊：“谁敢撒野就打死他！”

两个鬼子看着葛振林威严的神态和锐利的目光，再看着那一支支长剑似的扁担，担心一旦打起来他们会吃亏，只好夹起尾巴垂头丧气地溜走了。

葛振林怒摔鬼子兵的事很快传遍了各个村庄。乡亲说："振林这一跤，摔出了中国人的志气，也给我们老百姓出了一口气！"

从此，葛振林积极参加抗日救亡活动，成了村里的抗日骨干。这一年年底，曲阳县城里的鬼子放假休息，趁他们喝酒、逛庙会的机会，葛振林奉命带着几个民兵混进县城，刺探鬼子的兵力和装备分布情况。要探出鬼子的真实情况，就得进入鬼子的营地。而鬼子戒备森严，一般人难以接近营区。葛振林灵机一动，找了一副水桶，挑着两桶水来到鬼子北大营门口。两个站岗的鬼子兵端着刺刀把他拦住：

"你的……什么的干活？"

"我的良民的干活，给太君送水来啦！"

葛振林镇定地回答。

鬼子搜遍了葛振林全身，没发现什么可疑的东西。这时葛振林从怀里掏出一盒香烟，给鬼子每人点一支，又随手把剩下的香烟塞到鬼子兜里。两个鬼子乐了：“你的良民的有，进去吧。”

进了营门，葛振林故意放慢脚步，四处观察，把敌人的部署、位置、兵力等情况，都记在心里。来到伙房倒完水，葛振林看到伙房后边的马厩里没有岗哨，便悄悄走了过去。

这个马厩非常大，里面拴着几十匹大洋马，个个养得膘肥体壮。马厩里外堆着草料和树枝，旁边是两间大仓库，估计储藏着鬼子的装备和给养。葛振林忽然产生了一个念头：何不乘机把鬼子骑兵队的马匹干掉？于是，他迅速掏出火柴在隐蔽处点燃草垛，然后若无其事地挑起水桶向营门走去。刚出营门口，一股浓烟从马厩里腾起。霎时，烈火熊熊，越烧越旺。接着敌营里哨子声、警笛声、马鸣声、鬼子号叫声响成一片。葛振林拐到墙角，丢下水桶撒腿就跑。此时，马厩火势越烧越旺，不一会儿就梁倒屋倾，烧成一片火海，相连的鬼子营房也火光四起。闻讯前来救火的鬼子和伪军像闯入了火牛阵，个个被烧得焦头烂额，鬼哭狼嚎。

这把火不仅烧死、烧伤了几十匹东洋马，还烧掉了鬼子的一批军用物资，更烧掉了鬼子的锐气。日寇为此大为恐慌，以为八路军渗透到了城内，必须加强防守。由此，日寇还放弃了一次对抗日根据地进行大“清剿”的计划。

由于葛振林机智勇敢，不久便担任了村民兵队队长。从此之后，他带领民兵炸敌堡、除汉奸，多次出色完成任务，成为远近闻名的“模范民兵队长”。

1938年2月，葛振林参加了八路军，他要上抗日战场第一线，真刀真枪地打鬼子。当时，区领导舍不得放他走，几次动员他留下继续领导民兵打鬼子，但谁也拦不住，他说什么也要加入主力部队到前线去。当时在八路军中，大家都知道，努力学习，打仗勇敢的肯定是共产党员。葛振林也想加入共产党，也写了一份入党申请书交上去，1940年2月被批准入党，之后就当了6班副班长，马宝玉是班长。

02

战斗中成长

狼牙山地区惨案

狼牙山是一座美丽的山！

狼牙山坐落在河北省保定市易县西部太行山东麓，属太行山脉，距县城 40 余公里，因其奇峰林立，峥嵘险峻，状若狼牙而得名。登高远眺，突兀连绵，可见千峰万岭如大海中的波涛，起伏跌宕。近望西侧，石林耸立，自然天成，大小莲花峰如出水芙蓉，傲然怒放，涧峡云雾缥缈，神奇莫测。

狼牙山又是一座英雄的山！

早在 2000 多年前的战国时期，“狼山竞秀”景观就驰名燕赵，被列为当时燕国十景之一。燕国太子丹曾在这里送别去刺秦王的壮士荆轲，“风萧萧兮易水寒，壮士一去兮不复还！”透过易水平静而又激昂的历史波涛，仿佛还能听得到古老的歌谣那慷慨悲怆的余音。而在2000多年后的狼牙山，又因八路军五壮士浴血抗击日寇而闻名于世。

狼牙山以其独特的地理位置和特殊的地形地貌成为晋察冀根据地第1军分区军民抗击日本侵略者的一道天然屏障，它既是晋察冀根据地的东大门，也是打击日寇的前沿阵地。山上还存放着我军大量武器弹药、粮食等重要物资，一直是敌人进攻的重点目标。

进入抗日战争中期，冀中狼牙山根据地的重要作用日益明显，日本侵略者由于占据着平汉铁路沿线的广大平原地区，妄图进犯晋察冀根据地，狼牙山根据地就成了日寇西进的最大障碍。因此，从1939年开始，日寇便对狼牙山周围的广大地区实施了野蛮的烧光、杀光、抢光“三光政策”，扫荡次数越来越多，兵力也更加集中，为实现吞并中国的狼子野心，连续制造了田岗、东娄山、菜园等多起惨绝人寰的大惨案，犯下了不可饶恕的滔天罪行。

田岗惨案。1939 年 4 月，在大龙华战斗中遭到重创的日本鬼子，纠集了神石庄、梁格庄等地的侵华日军，对八路军大龙华战斗指挥机关所在地田岗村进行了野蛮的报复，制造了骇人听闻的“田岗惨案”。

1939 年 8 月 12 日，这是一个血雨腥风的日子，600 多名日伪军疯狗一般突然包围了田岗村。清晨，天空阴云密布，全村鸡飞狗跳，哭声一片，鬼子把田岗村 500 多名老百姓都赶到戏楼前，大人全部倒捆上胳膊，连老人也不放过。

鬼子里三层外三层把全村人围得严严实实，男人和妇女分开关押起来。晚上，鬼子把男人和妇女挨个拉出去审问拷打：

“谁是八路军？谁是干部？八路军都到哪儿去了？”

但是，没有一个人开口。

第二天上午，日本鬼子把一部分男人捆绑到田岗村西的大沟旁，继续逼问：“谁是干部？谁是八路？说出来的可以免死！”

村民们没有一个怕死的，面对鬼子的逼问，都不搭理，怒目相视。

这时气急败坏的日本鬼子架起了机枪，向手无寸铁的村民们疯狂扫射，37 名无辜百姓当场倒在了血泊之中。接着把村里的妇女们反锁在一间房子里，在房子四周堆满了干柴，浇上汽油，企图把屋里人全部烧死。当火点着以后，人们拼命撞开后窗，逃出火海，幸得生存，但全村 600 多间房屋及其他财产全部被鬼子烧光。

东娄山“五四”惨案。东娄山村地处定兴、徐水、易县的三县交界地带，是我八路军晋察冀军区第 1 军分区通向平原地区的咽喉，战略位置十分重要。东娄山村是晋察冀边区最先建立起来的敌后根据地之一，抗日活动十分活跃。这里也是定兴、易县、徐水 3 个县的党、政、军、群机关所在地。群众工作开展得很好，军民抗战积极性高涨，被称为八路军和党政机关的“堡垒村”。

1941 年 5 月 3 日晚，东娄山村的青年团员们正连夜排练庆“五四”文艺节目。5 月 4 日拂晓，日寇纠集东罗村等 7 个据点的鬼子和汉奸 1000 多人，突然包围了东娄山村。被围在村内的有第1军分区3团侦察连的部分战士和县委机关工作人员。鬼子像疯了的狗一样扑进村子，实行了灭绝人性的屠杀，日寇在路口用机枪向村中疯狂扫射，被困在村里的我党政军民英勇阻击，同敌人展开了殊死搏斗，但终因敌众我寡，村庄被鬼子攻破。除第1军分区3团侦察连和县委基干队突围成功外，其余全被困在村内。穷凶极恶的日本鬼子见人就杀，连孩子也不放过，使我党政干部和群众遭到重大伤亡，科长以下干部共牺牲40余人，10余人被俘，东娄山村有24名群众牺牲，定兴县委书记于江同志也在此次惨案中壮烈牺牲。

菜园惨案。1942年5月2日，日本鬼子再次对狼牙山地区进行大规模的“扫荡”。上午9时许，日寇将菜园、娄山、于家庄等村的男女老幼1000多人围堵到狼牙山棋盘陀下的花草峪。被围困的人群中有菜园村的党支部书记、区民兵大队队长许连生的妻子魏彩珍，徐水县县长的儿子唐小树等我党政干部的家属。

鬼子开始从人群中逐个拉出逼问：

“八路军的主力和伤员在哪儿？”

“军粮藏在什么地方？”……

村民们将魏彩珍和唐小树围在人群中间，没有一个人吭声。敌人达不到目的，就用刺刀挨个挑，就连吃奶的孩子也不放过。魏彩珍和唐小树等终于被认出来了，拉出场外进行拷打，逼其说出八路军和县区干部的下落。魏彩珍痛骂敌人，宁死不屈，惨无人道的日本鬼子向魏彩珍连刺 7 刀，魏当即壮烈牺牲。年幼的唐小树也被刺成重伤。然后，日本鬼子又向手无寸铁的老百姓大开杀戒，并放火烧村。

这次惨案，仅菜园一个村在花草峪就有 30 人惨死在日寇的屠刀下，100 多人被打成重伤，村子被烧成了一片焦土。

淇村“血井”惨案。1943 年春，侵华日军开始了对狼牙山地区近 100 天的大“扫荡”，为对狼牙山“铁壁合围”的惨败伺机进行报复。塘湖、界安、独乐等据点的 200 多名日伪军，挟持着从几个村抓来的 1000 余名老百姓，向西步乐村集合，然后再进一步向北淇村一带“扫荡”。

我区大队负责放哨的除奸队队长郭凤仙同志，为了保护群众来不及躲避被敌人抓住。鬼子对郭凤仙进行严刑拷打，百般折磨，逼问八路军和军粮的去向。但郭凤仙宁死不屈，什么都不说。

鬼子拷问郭凤仙：

“八路军哪里去了？粮食藏在什么地方？”

“呸！我不知道！”

“打！狠狠地打！”鬼子气急败坏地吼叫着。

郭凤仙被打得几次晕死过去，但他始终咬紧牙关，决不向鬼子屈服，使得鬼子毫无办法。与此同时，隐藏在村西山沟里的北淇村 200 多名群众也被鬼子包围了。中午时分，日本鬼子经过一番策划，然后如野狼一般号叫着，把北淇村老百姓通通赶到井台边上。接着，两个鬼子先把村民刘恒利拽了出来，并推进了三丈多深的水井里，紧跟着就是一块大石头砸下去，鲜血迸出。然后又推第二个，第三个，第四个……就这样一层人，一层石头，整整推下去八层人，砸了八层石头，被推到井里的老百姓共有 33 人，连老人、孩子甚至残疾人也没放过，水井变成了血井。至此日本鬼子并不罢休，接着放火烧毁民房 140 多间。在这次惨案中，北淇村村民遭受了巨大损失。

新中国成立后，当地人民群众自动捐款，在血井上建起了纪念亭，并刻石碑铭文，以缅怀在抗日战争中死去的人们。

寨头惨案。1943 年，侵华日军华北派遣军第 26 师团第 11 联队，由涞源进犯易县，在寨头村设立据点，来回“扫荡”易县的桥家河、坡仓、良岗一带。

11 月 3 日，寨头村农委会主任崔洛阳等人俘虏了一名日军，当时杏树台村驻有我八路军的一个后勤机关，而这天正好杏树台村的游击组长赵保勋也在寨头村，崔洛阳等人便把这名日军交由赵保勋押送去杏树台村，而赵保勋返回寨头村时于半路上被日本鬼子抓住。

11 月 5 日至 8 日，日寇实施“大搜捕”报复行动。先后在寨头、杏树台、桥家河等村搜捕到我游击组员和抗日群众 110 人，其中有 7 名是八路军伤病员。鬼子将搜捕到的人员全都关押在寨头村，进行严刑拷打，残酷折磨，逼问八路军的去向，粮食藏在哪里和那名被俘日军的下落。折腾了半天，所有被拷问的人没有一个人回答，个个都是怒目而视。日本鬼子恼羞成怒，便对我八路军伤员和游击队员家属下了毒手。

野兽般的日寇将一名八路军伤员用指挥刀劈成两半，还将游击组长赵元登的妻子割去鼻子和一个乳房。村长赵协兴的妻子被日本鬼子百般侮辱，然后用烧红的铁丝穿透胳膊绑在大树上。

经过两天的折磨，有几十人致伤致残。11 月 9 日，日本鬼子又在寨头村外挖了 8 个埋人的大坑。下午，穷凶极恶的日本鬼子把抓来的人员捆押到坑前，再次进行审讯。所有人员仍宁死不屈。最后凶残的日本鬼子将被捕人员挨个刺死并推入坑中，其中有一名不足两岁的婴儿也未逃过日本法西斯的屠刀。被抓捕去的 110 人中，后经群众抢救，只有 3 人脱险，其余全部惨遭杀害并被坑埋。

抗日战争胜利后，易县人民政府在寨头村东为被日寇残害的八路军伤员和群众修建了纪念亭，告诫后人，要牢记日本侵略者所欠下的一笔笔血债。1993 年，河北省人民政府又拨专款在寨头村修建了“黄土岭战斗纪念馆”。

侵略者的暴行，在狼牙山抗日根据地军民的心灵划下了一道道伤口，同时，也种下了一颗颗仇恨的种子。日寇的目的就是要用“暴虐”和“武力”迫使中国及抗日军民“畏服”，放弃抵抗，屈膝投降。然而，血的事实却警醒了中国人民，在日本法西斯的暴行面前，任何软弱、求饶和引颈受戮都是无济于事的，唯有奋起抗争，才能保家卫国。日本法西斯暴行的后面涌起的正是埋葬侵略者的汪洋大海！

铁锹夺枪

马宝玉入伍后的第二年，他所在的第 1 团奉命参加晋察冀根据地北岳区反“扫荡”作战。部队来到了蔚县桑干河畔马宝玉的家乡，经连长和指导员的批准，马宝玉决定回家看看奶奶、弟弟和妹妹。当他走到离家乡不远的地方时，碰到了儿时的伙伴锁柱。他急忙喊道：“锁柱，你怎么在这里，家里咋样了？”

锁柱见是马宝玉，急忙跑过来拉着他的手，哭诉着说：“两天前鬼子领着汉奸来咱村扫荡了，挨家挨户搜查抗属，他们烧房子，抢东西，还杀害了村里很多人，你奶奶和你弟弟、妹妹也都被列为抗属杀害了……”

马宝玉拽着锁柱就往家里跑，刚到村头，就看到一片充满血腥的惨状。多处房屋被烧毁，水井边、碾盘旁横七竖八地躺着惨死的乡亲……

马宝玉心急如焚地跑进家门，一幕惨状映入眼帘：门板被摘走了，撕烂了的衣服、摔碎的盆罐撒满了院子。奶奶躺在屋里的地上，任凭宝玉怎样呼喊也没有反应；9 岁的妹妹被刺刀刺死；12 岁的弟弟也死在锅台边。马宝玉一口鲜血呼地涌了上来，两眼一黑，昏倒在地上。当他醒过来时，几个乡亲围在他身边。宝玉慢慢地爬起来，擦干了眼泪，组织乡亲把奶奶、弟弟和妹妹埋在了院子里，然后又把被杀害的乡亲埋葬。处理完这些事后，马宝玉就连夜追赶部队去了。

他把刻骨的仇恨深深地埋在心底，像岩浆一样蕴积着力量。他变得更加坚韧，更加刻苦，更加英勇顽强。

1938年9月的冀中平原，无边的青纱帐举起了万杆红缨，遍地是火红的高粱，到处燃烧着抗日烽火。

日寇为了巩固后方，拼凑5万多人马，分兵多路向我晋察冀边区大举“扫荡”，矛头主要指向我边区政府和军区所在地阜平，企图一举消灭我军区领导机关，摧毁我抗日根据地。为此，军区首长决定迅速集中主要兵力，利用阜平城外的有利地形进行伏击，消灭进犯阜平之敌，粉碎敌人的全面进攻。

1团接到命令，立即日夜兼程，经易水、渡唐河，跋山涉水，终于抢在敌人的前头赶到阜平城外的东西庄。按照团首长的部署，7连来到指定的位置，战士们顾不上休息，放下背包就开始抢筑工事。

“同志们，抓紧时间，把工事筑得牢牢的，咱们在这里要跟鬼子好好地干一仗！”正在挖工事的战士们忽听熟悉的声音，知道是连长和指导员从团部开会回来了。

指导员来到6班的阵地上，仔细检查工事修筑情况。当他看到战士们不仅干得快，还个个精神抖擞、情绪饱满时，很是满意。他说："同志们，这次战斗不同往常，进犯之敌数量多，装备精良，在这方面我们虽比不上敌人，但我们是八路军战士，有同敌人血战到底的光荣传统，有英勇顽强的革命精神，只要我们勇敢战斗，不怕牺牲，不惜一切代价守住阵地，就能粉碎敌人的进攻。团首长要求我们既要守得住、杀得开，还要冲得出去！"

这时，刚参军不久的胡福才拿着铁锹问道："指导员，还没给俺发枪呢，叫俺咋冲啊？"指导员笑了笑说："你们叔侄俩刚穿上军装就赶上这次'大会餐'啦！枪嘛，不用发愁，等战斗打响了，咱们就向敌人去要。正像我们唱的那首歌中说的：'没有吃，没有穿，只有那敌人送上前；没有枪，没有炮，敌人给我们造'嘛。"

大家听了，爆发出一阵欢笑声。

指导员走后，大家都各自回到战位，继续修筑工事。已是6班班长的马宝玉，先把自己战位的工事修好了，然后，挨个帮助和指导其他战士。他来到胡福才的战位，只见他仍在摆弄他手中的铁锹和发给他的那两颗手榴弹。

细心的马宝玉看出了胡福才的心思，他想起自己刚入伍时，也是这种急切盼枪的心情，于是关切地说："福才，一会儿战斗打响了，你就用我这把枪吧。"他把手中枪递给了胡福才。

"班长，那你呢？"胡福才问。

马宝玉说："刚才指导员不是说了嘛，等战斗打响了，就找鬼子要去！"马宝玉接过胡福才手里的铁锹说："打仗不光靠枪，还要看能不能敢打敢拼，真正勇敢不怕死的人，能把鬼子的刺刀吓弯！"

胡福才听了班长的话，心里感到很惭愧，自己还没有消灭一个敌人，就讲那么多的条件，真不是一个合格的八路军战士。

经过一阵紧张的忙碌，战士们都已进入伪装好的工事，阵地上一片寂静。不远处，"沙沙"的松涛声和"哗哗"的河水声显得更加清脆。战士们警惕地注视着前方的动静，等待着即将来临的战斗。

不一会儿，山下公路上响起了“隆隆”的马达声，由远至近，声音越来越大。鬼子的车队和骑兵车马喧嚣，烟尘弥漫，直奔东西庄而来。

当敌人进入伏击圈后，随着团长的一声令下：“打！”手榴弹、枪弹似狂风暴雨射向敌群。这突如其来的打击，打得鬼子惊慌失措，死伤一片。当冲锋号响起时，各个阵地上的战士如猛虎下山，杀向惊魂未定的敌人。“同志们，冲呀！”连长、指导员高喊着，带领着战士们冲杀过去。

胡福才和胡德林第一次见到这惊心动魄的冲杀场面，开始心里像揣着兔子似的怦怦直跳。不一会儿，就被战友们的勇气所感染，顿时热血沸腾，他们壮着胆子，勇敢地杀向敌人。

马宝玉投出几颗手榴弹，一连炸翻了几个鬼子骑兵。他冲上一道土坎儿，准备截住一匹冲散的惊马。这时，另一个骑着大黑马的鬼子朝他的方向冲了过来。马宝玉急忙去掏腰间的手榴弹，他一摸，手榴弹已用完。他闪身藏到一棵大树的背后，当鬼子快到跟前时，他一个箭步跳了出来，举起铁锹朝大黑马的前蹄扫过去。大黑马一惊，接着扑倒在

地，鬼子兵从马背上摔落下来。马宝玉又抡起铁锹，向滚落在地的鬼子劈去。鬼子慌忙用枪阻挡，“咣当”一声，铁锹打在了枪柄上，马宝玉手中的铁锹差点被震落掉地。鬼子爬起来，趁机举枪朝马宝玉前胸刺来，马宝玉侧身一闪，刺刀划破了他的手臂。马宝玉不顾剧痛，瞅准鬼子因用力过猛而未站稳的一瞬间，大吼一声，对着鬼子又是一铁锹，不偏不倚，直劈鬼子的脑壳，顿时鬼子仰翻在地。马宝玉连忙从鬼子手里取下那支“三八大盖儿”。

战斗结束后，战士们发现班长手中的“三八大盖儿”，羡慕地称赞道:“班长你真行，转眼工夫就夺了支‘三八大盖儿’！”马宝玉把刚刚夺来的枪递到胡德林的手里，这才觉得手臂剧烈地疼痛起来。他解下绑带准备包扎伤口。胡德林见了忙问:“班长你挂彩了？”“擦破点皮，不碍事。”马宝玉说。

胡德林、胡福才赶忙上前，一起帮班长包扎起来。

封锁线上抢运粮

1940年8月20日始，八路军在华北敌后发动“百团大战”，拔除了日伪军大批的据点，沉重打击了日军的“囚笼政策”，巩固了华北抗日根据地，获得了社会各界人民的普遍好评和广泛赞誉，从而戳穿了国民党反动派散布的八路军“游而不击”等各种谎言，极大地提高了中国共产党及其领导下的八路军的声望。此时，日寇再也不敢随心所欲地对我抗日根据地进行“扫荡”了。于是，改用经济封锁的方式进行疯狂报复。

日军的封锁给抗日根据地军民带来了严重的困难，一些生活必需品极度缺乏，部队和许多地区的老百姓断粮多日。

当时，冀西的粮食主要靠平汉铁路以东的平原产粮区供应。为了实现对冀西根据地的封锁，日寇在沿铁路线挖了又深又宽的封锁沟，严密控制着路东的粮食流到路西的根据地去。

根据地军民的生活越来越困难。开始八路军战士每人每天还能吃上几两小米或杂粮，后来，连高粱米和黑豆也没有了。上级指示，必须想办法打破敌人的封锁，为根据地军民弄来粮食。这次，1 团首长决定派 7 连担负和当地群众一起到路东抢运粮食的任务。

初秋的一天下午，太阳挂在西山还有一竿子高，7 连官兵经过装扮，带着几十名群众从易县出发了。他们走了一夜的路，在黎明前越过敌人的封锁沟和铁路线，在铁路东的一个叫魏古营的地方装好粮食，然后悄悄地埋伏在离铁路不远的庄稼地里，等到天黑时再通过铁路线和封锁沟。

7 连战士除了每人背一袋粮食外，还要担负掩护群众过封锁线的任务。6 班班长马宝玉和战友们趴在一座小土堆子后面，旁边是一位 60 多岁的老大爷。马宝玉轻声问道："大爷，您这么大年纪还出来背粮啊？"

老大爷转过脸来说道："年纪是大了一些，可打鬼子，我也有一份责任哩。"

大爷的话让马宝玉陷入了沉思。日寇的侵略不仅让根据地的人民深受其苦，整个华北都是一派荒凉的景象。前年，也是这个季节，马宝玉和6班的战友们也曾到过这个地方。那时，铁路两旁是一望无际的青纱帐，遍地的高粱摇曳着粗壮的穗子，秋风吹过翻起红色的波浪。可是，现在除了几块稀稀拉拉的谷子地以外，几乎看不到什么庄稼了。代替它的是两条弯弯曲曲的封锁沟，像两条毒蛇一样横卧在铁路两旁，巡警机车鸣着刺耳的汽笛，不断地在铁路上跑来跑去。马宝玉摸了摸贴着胸脯的粮袋，似乎觉得这每颗粮食都是消灭敌人的“子弹”！

太阳落山了，等到夜幕降临后，运粮队伍开始行动。大家扛着粮袋迅速向铁路边奔去。7连连长首先到达铁路边的封锁沟，他放下粮袋，扫视一下四周，便对马宝玉说:“6班长，架桥！”马宝玉立即从腰间取出绳子，和战友们一起将事先准备好的两个竹梯绑好，架在封锁沟的上沿，然后在梯子上面铺上几块木板，一座“临时桥梁”便铺设好了。

夜，漆黑漆黑的，像一口大铁锅扣在平原上空。借着夜色作掩护，运粮队伍开始通过封锁沟。马宝玉、葛振林和其他几个战友分别站在两边，担任护卫。每过一个人，他都要扶上一把，轻声地嘱咐着过“桥”人要小心。

不一会儿，运粮队伍就过去了一大半。

这时，远处传来“轰隆隆”的机车声。接着，一束明亮的光柱从远方照射过来。

“不好，鬼子的巡警车来了。”连长赶忙招呼大家卧倒隐蔽，马宝玉和葛振林也迅速将竹梯收藏在沟里。

响声越来越近，灯光照得四周如同白昼。巡警车上两个头戴钢盔的日本鬼子探出头来东张西望。由于大家藏得及时没被鬼子发现，巡警车速度一点没减地朝前开了过去。

马宝玉、葛振林和战友们又重新把桥架好。连长指挥没过沟的人快速通过。可是没过一会儿工夫，铁路旁又传来了“咯咯咯”的皮靴声。

“是鬼子的巡逻队！”葛振林叫了一声，便急忙朝不远处的连长请示，“连长，怎么办？”连长看了巡逻队一眼，把手一挥说："继续抢运，加快通过！"同时，他命令已经过沟的3排准备火力。

眼看鬼子距离桥边只有七八十米时，3排率先开火了，突如其来的子弹雨点般地飞向敌人。这时鬼子发觉过沟的队伍了。他们一边向3排还击，一边朝运粮队伍通过的地方猛烈扫射。

"同志们，快！"马宝玉招呼着还没有过去的几个同志。突然，一梭子弹飞来，把梯子打断了，正在通过的两个同志掉进了沟里。马宝玉见状，纵身跳进沟底，站在粮食袋上，用双手将打断的梯子高高地举过头顶。葛振林也随着跳下沟，和马宝玉一起支撑着梯子。

子弹"嗖嗖"地打过来，沟边的泥土被打得四处飞迸。马宝玉和葛振林坚持着，直到最后一个同志安全地过了封锁沟，才从沟底爬起来，飞速地越过铁路线，追赶着队伍……

为村民掏井

一天晌午，火辣辣的太阳像燃烧的炭盆挂在天上，烤得大地滚烫，散发出一阵阵灼人的气浪。在一场战斗结束后，7 连 6 班随着连队正顶着炎炎烈日向某宿营点进发。

马宝玉走在 6 班前面，他现在是 6 班的班长了，不时领着班里的战士唱歌，自己有时也来几句小快板，整个队伍格外活跃。

此时，随着“沙沙”的脚步声，马宝玉又在盘算着：到了老乡家，先把屋子扫净，水缸挑满，然后帮老乡收拾院子，和房东拉家常……这是他的老习惯了，每到一个地方，他总把老乡的工作考虑得很仔细，做得好好的。几年来的革命斗争实践使他深深认识到，八路军是人民的子弟兵，只有紧紧依靠老百姓，永远和人民群众站在一起，才能取得革命的胜利，红军的革命传统什么时候也不能丢啊！

想到这里，只觉得有一股力量在鼓舞着他，脚步迈得更大了。

“班长，快到宿营点了吧？”

问话的是宋学义。他是不久前补充到6班的新战士。别看他个头不高，平时沉默寡言，劲头可足哩。记得到班报到那天，正好碰上连队帮助老乡抢收麦子，马宝玉叫他先在家休息休息，割麦子就别去了，宋学义一听忙说：“班长，我是庄稼人出身，农活做惯了，再说，眼下敌人到处抢粮食、烧庄稼，我哪待得住啊！”马宝玉见他那股倔劲，只好答应了。

想到这里，马宝玉接过话头说：

“快了，怎么，渴得难受了？”

“不要紧，到了老乡家再美美地喝他几瓢！”

“对，再坚持一会儿！”

原来，部队刚结束一次激烈的战斗，又连夜奔袭，水壶早已底朝天了。战士们又渴又累，嗓子眼像塞了块火炭似的要冒烟啦！身上的军衣也像被雨淋过一样，紧紧贴在身上。但是，战士们在马宝玉的鼓动下，情绪仍然十分高昂，迈着坚定的步伐向前挺进。

一会儿，队伍到达了宿营点。这是一个有几十户人家的村子，地处一座盘山公路的青山脚下。按理说，这应是一个很热闹的村庄，可是，现在显得异常冷落。家家户户大门紧闭，不见一缕炊烟。村南头几间房子只剩下残墙断壁，破砖碎瓦一地狼藉。

看不见人影，听不见鸡鸣狗吠，只有藏在树林中的知了，有气无力地鼓噪几声。一切迹象表明，这是一个刚被日本鬼子洗劫的村庄。战士们面对这满目疮痍的情景，心头像压上了石碾一样沉重。

马宝玉领着班里的战士来到一户老乡家。只见大门虚掩，院里空无一人，墙旮旯放着两只竹篓，旁边是一棵高出院墙的黑枣树，阳光透过枯黄的叶子给院子洒下斑斑光点。马宝玉招呼战士们把背包放在院里先歇一会儿。片刻，他说：

“同志们，乡亲们被日本鬼子糟蹋苦了，人民的子弟兵，一定要发扬我军的光荣传统，保护人民的利益……”

正说着，屋里传来微弱的声音：“水……

水……”

“班长，屋里还住着老大娘。”葛振林说。

马宝玉推门一看，只见一位老大娘躺在炕上，摸摸她的脑门，热得烫手，嘴唇都焦得干裂了。

“大娘！大娘！”马宝玉和战士们呼唤着。大娘紧闭着眼睛，呼吸短促，吃力地移动几下身子，又喑哑着呼叫：“水……水……我要水……”

“学义，快叫卫生员！”马宝玉一边说着，一边取出瓷缸去给大娘倒水。可是，桌上的茶罐空空的。揭开水缸盖，缸底沾了不少尘土和柴草。奇怪，怎么一滴水也没有？马宝玉很纳闷儿。

“班长，我去井台看看！”葛振林挑起水桶一溜烟出了院子。

过了一会儿，葛振林小跑步回来了，两只水桶却没有一滴水。

“怎么，水井也枯了？”马宝玉问。

“整个村子转遍啦，没见一口井！”

说话间，门外传来一阵“咚咚”的脚步声。进屋来的是房东老大爷，他满脸淌着汗珠子，手里端着一小罐水，气喘吁吁地说：“水，水来啦！”

马宝玉上前热情招呼着大爷，并向他说明来意。

这时，宋学义和卫生员来了。卫生员测了测大娘的体温，给大娘取了几片退烧药，嘱咐大爷说："不要紧，多喝点水，服了药就会好的！"

大爷端着水看着炕上的老伴，又看了看身边一个个嘴唇干裂的战士，抬手把水递给马宝玉说：

"同志，你们打远道来，天热口干，喝下这碗水，提提神好打鬼子啊！"

马宝玉激动地说："大爷，我们不渴，给大娘喝！"

"不，老伴要，我再上山取。"

"上山取？"马宝玉疑惑地问，"大爷，这老大的一个庄子，连口井都没有吗？"

大爷的脸色霎时沉了下来，端水的双手在微微颤抖。他沉默了一会儿，便愤然地对大家说："这都是鬼子造的孽！"

接着，老大爷给战士们讲起了村里被日本鬼子洗劫的经过。

前些时候，有两个八路军伤员住在房东老大爷家里，大娘天天守在伤员身边，喂汤熬药，把伤员当成自己的亲生儿子一般。后来，不知哪个汉奸告了密，说庄里藏了八路军。鬼子就挨家挨户搜查，在大娘的掩护下，鬼子没见八路军的影子，气急败坏地把村子里唯一的水井填死了。

在护井斗争中，大娘负了伤，接连两天发着高烧，庄里没有水，大爷爬到后山的岩壁上，好不容易才从断崖的泉眼里，一滴滴接满这一小罐水……

老大爷含着眼泪控诉完日本鬼子的暴行，战士们心中燃烧起仇恨的怒火。

这时，大娘慢慢苏醒过来，她望着身边一张张亲切而又陌生的面孔，喃喃地说：

“同志，你们是……”

“老婆子，这是咱们穷人的队伍八路军啊！”大娘振作起精神，一个个端详着亲人的面容，当她看见战士们干裂的嘴唇时，便从大爷手里接过水，颤巍巍地送到马宝玉面前：

“同志，把这碗水喝了吧。”

“大娘，你……”马宝玉看到大娘那慈祥的面容，望着那碗清澈的甘泉水，心里翻腾着激动的浪花。这哪是普通的水呀，这分明是琼浆玉露，是人民对子弟兵的鱼水情深哪！

他越想越激动，转过脸对战士们说："同志们，人民用鲜血保护了我们，我们也要用生命保护人民的利益！我们要把日本鬼子填死的水井重新掏出来！"

在马宝玉的倡议下，全连战士和乡亲们终于掏出了甘甜的井水。家家户户的缸满了，锅满了，清清的井水化作欢乐的浪花流进乡亲们的心田……

大娘拄着拐棍来到井台旁，看着井下清澈明亮的泉水，不由得泪水纵横，她紧紧地握住马宝玉的手说："同志，有了你们，俺们就有盼头了！"

军民一条心

1940 年秋末的一天，马宝玉外出执行任务，在回来的路上遇到几个日本鬼子的拦截。马宝玉眼疾手快，随手投出一颗手榴弹，转身跳进一条壕沟就跑。一个鬼子被炸死，其余几个鬼子拼命向他追来。鬼子一边追一边开枪，子弹“嗖嗖”地从他身边掠过。马宝玉打了几枪，子弹用尽了，当他翻过一座山梁时，一颗子弹击中了他的左腿，他一个趔趄栽倒在山坡上。

这时，在离他不远处，一位大娘正领着一个十二三岁的男孩在割草。大娘听到枪声，跑过去一看，不禁惊叫了一声：“八路军！”她看着后面还有几个鬼子正在追赶。大娘急忙推了推身边的儿子说：“二柱子，快跑，把鬼子引开！”说完，她连忙将马宝玉背起来，藏到就近的灌木丛中的石洞里，盖上一层树枝和杂草，又若无其事地继续割起草来。鬼子追到她跟前，凶神恶煞地吼叫道：“八路的有？”大娘指着儿子跑去的方向说：“那不是？跑了。”鬼子似乎看见远去的人影，便朝二柱子跑的方向追去。

二柱子回头看见鬼子追上来了，便拿出平时爬山放羊的本领，像山羊似的攀崖过涧，不一会儿就钻进青石岭的山洞里藏了起来。

鬼子上气不接下气地追到洞口，一看人不见

了，又不敢贸然进洞，就“砰砰砰”地朝山洞里打了几枪。突然“扑啦啦……”从山岩洞里冲出几只野鸽子，把鬼子吓得魂不附体。稍停片刻，洞里又悄然无声了。鬼子不敢在此久留，又朝洞里打了几枪，就悻悻地下山去了。

这时，大娘跑过来扒开树丛树枝，撕下身上的布条，给马宝玉包扎伤口。山间的枪声传到了马宝玉的耳朵里，他的心顿时提到了喉咙口。急切地问：“大娘，您的儿子？”大娘一边帮马宝玉包扎，一边安慰他说：“同志，不用担心，二柱子他会回来的！要是有个三长两短也值得，有了你们，穷人们就有救了！”

不一会儿工夫，二柱子悄悄地回到大娘身边，马宝玉悬着的心才落了下来。

打这以后，每逢想起舍弃儿子来救自己的大娘，马宝玉都不由得热泪盈眶。他想，有了这样勇敢的母亲，有了这样英勇的人民群众的支持，咱们八路军就无往而不胜，中国就不会灭亡！他经常对战友们说：“人民群众用鲜血和生命保护了我们，我们也要像对待亲人一样去关爱老百姓。”

日寇残酷的经济封锁，使根据地军民的生活越来越困难。部队经常断粮，当地的老百姓更是吃了上顿没下顿，连山上的野菜、树皮都被人们挖光剥光了。

马宝玉看到这些心里十分难过。他家里没有一个亲人，他视驻地的老百姓比亲人还亲。

一天，部队开饭时，葛振林发现班长马宝玉一连几天打完饭后，人和瓷碗都不见了。于是便走出院子去找他吃饭。走出不远，看见几个山村小女孩，正在分食一碗稀粥。葛振林心里不禁一怔：这不是班长用的那个搪瓷碗吗？他再看着眼前这几个面黄肌瘦的小女孩，他一切都明白了。

“小妹妹，你们拿着的这个碗是谁的？”

“是那位叔叔的，叔叔真好！”

顺着小女孩手指的方向，葛振林来到村后山坡，放开喉咙呼喊：“班长……”不见回答。葛振林不由得抱怨起自己来：“你这个人啊，只会打仗冲冲杀杀，就不知道像班长那样关心别人。”葛振林又呼喊：“班长……班长……”回答他的却是山坳传来的回声。

山坡上的晨雾还没散尽，高大的杨树被薄雾笼罩着。葛振林登上山坡又喊了几声，仍不见回答。他爬到山坡的岩石旁，发现马宝玉饿得昏倒在一棵山枣树下的草丛里。几朵沾着晨露的野菊花遮掩着他颧骨突起的脸庞，两只手紧紧地攥着一把山枣。

“班长！”葛振林望着马宝玉清瘦而坚毅的面容，再也控制不住自己的情感，眼泪簌簌地往下掉。这时，胡德林、胡福才、宋学义也赶了过来，一个个心疼地呼喊着：“班长！班长！”

马宝玉振作起精神，眼里放着光彩，对战士们说：“我们是人民的子弟兵，离开了人民，咱们就像张开的巴掌，没有力量，我们只有紧紧地和人民群众团结在一起，才能像握紧的拳头一样，再凶狠的敌人也能被我们打败！”

军民一条心，泰山也听令。战士们听着马宝玉的话，心头像马灯的小火苗一样，熠熠明亮，一股无形的力量从心底勃然升起。

粉碎大“扫荡”

在1940年秋，八路军发起百团大战后，日军对华北各根据地实行了全面封锁和“蚕食”政策，在根据地周围大量修建据点、碉堡，挖封锁沟，修筑铁路和公路，采取步步为营的战术，从根据地边沿地区不断向腹地推进，先后新建碉堡7700多个，挖封锁沟1.1万多公里，新建和修复铁路700多公里，修筑公路3.7万多公里，把华北根据地分割成支离破碎的小块地区。

从1941年年初起，日本侵略者对华北敌后抗日根据地实施了频繁的大“扫荡”和灭绝人性的杀光、烧光、抢光“三光政策”，以达到摧毁抗日根据地的目的。日寇还挖空心思地想出“分进合击”“铁壁合围”“纵横扫荡”“反转电击”“辗转抉剔”“捕捉奇袭”等一系列“扫荡”的招数。日军每到一处都要派出“放火队”，纵火烧毁房屋，“搜索队”搜寻、挖掘坚壁的物资，“捕捉队”搜山、清乡、抓捕抗日分子。另有“挺进杀人队”，专门袭击八路军指挥机关和其他重要目标。在每一个“扫荡”区域内，日寇对抗日根据地的后方建设，对百姓生活、生产资料全部进行抢劫、破坏。对捕捉的人员，或强迫去做苦役、或残忍地杀害。

面对日伪军的“蚕食”和“清乡”，我军在狼牙山上修筑了很多战备仓库，储存物资、枪支弹药。整座狼牙山就像一个固若金汤的城池，日军每次“进剿”都对狼牙山毫无办法。因此，日寇视狼牙山为眼中钉、肉中刺，恨不得把狼牙山根据地一口吃掉。

1941 年 8 月中旬，侵华日军华北方面军司令官冈村宁次重新调整部署，调集日军 6 万余人，伪军 1 万余人，分多路对晋察冀抗日根据地进行大“扫荡”，并由冈村宁次亲自指挥。日军把这次“扫荡”称为“铁壁合围”和“梳篦清剿”。

此时，我八路军晋察冀军区司令员兼政治委员聂荣臻指挥的所属部队才 4 万余人。奉命坚守狼牙山下的是晋察冀军区第 1 军分区 1 团，这支主力部队正是威震华北、参加黄土岭战役击毙日本名将阿部规秀的“红一团”。担任该团团长的名叫邱蔚，人皆称为“邱部队”。所以，提起“红一团”和邱蔚这个名字，日寇和汉奸便十分恐慌，就像老鼠见了猫一样。

8月以来，马宝玉、葛振林等5位战士所在的我八路军晋察冀军区第1军分区1团7连，在团长邱蔚的率领下，与当地人民群众团结一心，众志成城，与民兵密切配合，以我之分散，对付敌之集中，并通过安全转移人畜、隐藏衣物和粮食以及封闭水源等“空室清野”的办法，让前来“扫荡”的鬼子无饭可吃、无水可饮、无人带路，使之变成饥渴之兵、盲聋之兵。1团7连还经常随部队主力绕到日军的外线，时而拔鬼子据点、破坏交通、断敌归路，时而择地隐蔽、伺机而动，随机应变，扰乱敌人主力，使之恐慌混乱、疲惫分散，迅速集中优势兵力狠狠打击日伪军，创造了一次又一次以少胜多、以弱胜强的英勇战例。除此之外，抗日根据地的军民在与敌人战斗的过程中，群策群力，充分发挥广大人民群众的聪明才智，创造出地雷战、麻雀战、围困战、破袭战等多种神出鬼没的战术，这不仅高度体现了根据地军民的勇敢和智慧，更主要的是在有效打击敌人的同时，保护了自己的有生力量。

马宝玉、葛振林他们所在第 1 军分区 1 团，作为一支著名的抗日劲旅，始终驰骋于敌后抗日根据地的战场，纵横在狼牙山每一座山头，战斗的足迹踏遍了晋察冀边区的每一座村庄、每一寸土地。他们所在的“英雄 7 连”先后参加了攻打容城、保卫阜平、激战大龙华、转战雁宿崖、威慑黄土岭等战役或战斗。每次战斗，6 班都冲在前面，勇敢顽强，出色完成上级交给的各项任务，多次得到连营团的嘉奖，并多次多人荣立战功。马宝玉、葛振林和班里的几个战友，在逐渐积累战斗经验的同时，也逐渐懂得了为谁当兵、为谁打仗的革命道理，思想政治觉悟不断提高。

日军在狼牙山周围“扫荡”没有占到一点便宜，日军兵团指挥官井田美武气急败坏地来到前沿指挥官高见的指挥所，将高见和水上源藏大佐大骂一通：

“你们的军事的不行，完全的蠢猪的一个！太丢我大日本皇军的脸啦！”

高见和水上源藏急忙立正，接连几个“哈依”之后，便向总指挥官报告说：

“不是皇军的无能，是八路军太狡猾了！”

井田美武凶狠地瞪了高见一眼：“八路的主力现在什么地方？”

高见和水上源藏又一个立正：“将军！八路的，统统地逃进狼牙山……”

从此，日军越来越认为狼牙山根据地是最大的威胁，犹如楔在他们身上的一颗钉子，恨不得将“钉子”拔掉，将狼牙山铲平。

夜袭管头村

日军在狼牙山地区“扫荡”了一个多月，不但连八路军的影子也没看到，反而被八路军和游击队袭扰得焦头烂额，弄得顾头顾不了尾，不仅死伤数百人，还损失了大批武器弹药。

日本鬼子把邱蔚称为凶猛的“鳄鱼”，一旦捕捉到“邱蔚团”的一点踪迹，便不惜代价张开一张张“战网”狂扑而来，妄图将“邱蔚团”一举歼灭。

1941年9月初，日寇沿平汉铁路增调大批军需物资，准备集中兵力向我狼牙山抗日根据地大举进犯。一天，日军的先头部队数百人到达狼牙山脚下的管头村一带。为了打乱日寇的“扫荡”计划，夺取敌人的军需物资，八路军早已严阵以待。

管头村距狼牙山不到10里，是我八路军的“堡垒村”，在日军先头部队到来之前，群众及大部分牲畜都已转移到山上，留下了一座空村。

黄昏时分，团长邱蔚让通讯员去找7连连长刘福山来团部。不一会儿，刘福山跑步过来：“报告！团长，有情况？”

“老刘！来，有任务！”邱蔚接着说：“团部决定先给小鬼子一个‘见面礼’，你带几个熟悉地形的战士，到管头村摸一下敌人兵力情况，注意隐蔽，速去速回。部队整装待命！”

“是！”

刘福山回到连里布置完任务，带上6班班长马宝玉和战士胡福才向管头村奔去。当他们靠近村子时，天已完全黑了下来。3个人埋伏在一个土岗上，朝村里观望侦察发现，鬼子除了在村外设了几个岗哨外，大部分住在村东头的祠堂里，有些鬼子在吃东西，有些鬼子在休息，好像都很疲惫的样子。

马宝玉说：“连长，你俩在这儿观察，我再往前看看敌人武器装备情况。”刘福山同意并嘱咐道：“注意隐蔽。”

十几分钟后，马宝玉气喘吁吁地回来了：“连长，鬼子有四五门山炮，三四挺机枪，好像还有一挺重机枪，其余都是步枪。鬼子伪军分两个院子住，鬼子住祠堂，伪军住祠堂外的场屋，估计三四百人，重武器都在鬼子这边。”

“好，撤！快向团长报告。”

根据侦察结果，邱蔚团长当即作了周密部署，决定趁鬼子立足未稳，打他个措手不及。

晚上10点多钟，全团干部战士悄悄进入管头村，将鬼子包围。1 连、7 连的任务是重点进攻祠堂里的日本鬼子，其余部队进攻场屋里的伪军。战斗打响时，敌人正在熟睡之中，都被这突如其来的袭击吓蒙了，一时间日伪军乱成一窝，枪声、手榴弹的爆炸声、哨子声、叫喊声响成一片：

“八路的来了……”

“八路的哪里的有？”

日军指挥官急忙想稳住阵营，大吼大叫道：“慌乱的不要！八路的主力的不是，小小的游击队的干活！”

这是日军一支战斗经验丰富、战斗力很强的部队，他们在短暂的慌乱后，迅速组织起还击。他们没想到的是，这次遇到的也是一支不可轻视的八路军。敌人在根据地多日来的“扫荡”，长驱直入，没遇到什么抵抗，更没见到八路军主力的影子，只是与小股民兵游击队交过火，认为八路军慑于“皇军之威力”，早已吓得躲进山里去了。因此，进入管头村后，仍骄横大意，疏于戒备。

战斗刚开始不大一会儿，就打死打伤日伪军数十人。于是，敌人加强了火力，与我军开始对峙。

敌人架在院子里和房顶上的两挺机枪，对我军威胁最大。7 连 2 排在排长的带领下冲在最前面，但由于日军的机枪火力太猛，压得战士们抬不起头来，部队也出现了较大的伤亡。

6 班在班长马宝玉的带领下，猛烈向院内还击。这时，大院左侧也出现一个火力点。原来，一个伪军从堂屋里冲到院内的石碾子后面，抢先占领了有利地形。

宋学义急得火烧火燎，端着枪就要往院内冲。马宝玉一把摁住他："危险，不能硬拼！"

马宝玉一边命令战士压住敌人的火力，一边向四下里扫了一眼，发现大院墙外有一棵老槐树紧挨着堂屋，心里顿时一亮，对葛振林说："继续加大火力，我去拔掉碾子后面的火力点！"说完，低姿迂回到墙外，"噌"地上了树。敌人的火力点和槐树正好成俯角。马宝玉拨开树枝，瞄准日军机枪手，"啪"的一枪将其击毙。

敌人的机枪顿时哑了，这时 7 连战士乘机发起冲锋。鬼子失去了机枪的掩护，又摸不清八路军的情况，顿时阵脚大乱，逐渐失去抵抗能力。经过

一个多小时的激战，敌人死伤大半，其余的突出包围，向易县方向逃去。

这次袭击战大获全胜，狠狠地打击了日军的嚣张气焰，极大地鼓舞了狼牙山抗日军民的士气。

归途中，宋学义想起马宝玉那英勇战斗的风姿，钦佩地说:“班长，这一仗，让我学到不少东西啊！”

马宝玉笑眯眯地说:“学到点啥？”

宋学义响亮地回答:“要像你那样，不光敢和敌人斗，还要会想法子打得机智、漂亮！以后，你得多帮我开开心窍啊！”发自肺腑的话语，把6班战士都说笑了。

马宝玉在这次战斗中表现机智勇敢，他带领的6班荣立了集体一等功，还被授予“尖刀班”荣誉称号。

6班每一次执行任务，都精神饱满，战士们经常唱《八路军军歌》鼓舞斗志:

铁流二万五千里，直向着一个坚定的方向！

苦斗十年，锻炼成一支不可战胜的力量。

一旦强虏寇边疆，慷慨悲歌奔战场。
首战平型关，威名天下扬。
游击战，敌后方，铲除伪政权；
游击战，敌后方，坚持反扫荡。
钢刀插在敌胸膛，钢刀插在敌胸膛。
巍巍长白山，滔滔鸭绿江，誓复失地逐强梁。
争民族独立，求人类解放，
这神圣的重大责任，都担在我们双肩……

03 浴血狼牙山

领受任务

管头村一战，打得鬼子措手不及，损失惨重，日寇对我狼牙山根据地和八路军的扫荡变得更加疯狂和残酷。1941 年 9 月 24 日清晨，3000 多名日伪军由日军指挥官高见率领，兵分多路气势汹汹地向北娄山西部的狼牙山扑去。日军扬言，“这次扫荡，要石头过刀、草木过火”，气焰十分嚣张。

此时的狼牙山地区除了邱蔚团长率领的第 1 军分区 1 团外，还有涞源、易县、徐水、满城 4 个县的党政机关人员、游击队和群众三四万人。

日军的行动很快，前有轻骑队开道，后有汽车尾随，先是占领了狼牙山东部所有的村庄，再向狼牙山发起进攻。形势变得十分严峻，邱蔚团长及时将此情况向上级作了汇报。对此，时任八路军晋察冀军区第1军分区司令员的杨成武和其他军政领导同志，经过研究决定，我1团不与数倍于我的日军正面作战，避其锋芒，采取“围魏救赵”的战术，从狼牙山突围，掩护地方党政机关和人民群众安全转移。

为了调动敌人，转移群众，杨成武司令员命令狼牙山西南的3团和20团从正面佯攻管头、松山、甘河一带的日军，促使日军从狼牙山东北方向调兵增援。而后，1团乘机掩护被围的主力部队、党政机关人员、游击队和乡亲们从狼牙山东北方向突围。

1团紧急召开作战会议，向各营、连布置了作战任务：一是部队主力大部分散组织掩护群众安全转移，然后撤离；二是留下一小部分阻击、引诱敌人，掩护主力部队撤离。阻击任务就交给了7连，并专门向7连连长和指导员作了具体部署。

散会后，团长又特意叫住7连连长刘福山和指导员蔡展鹏，再次强调说：“留下你们7连牵制迷惑敌人，掩护党政机关和人民群众迅速转移，这可是一项硬任务啊，有什么困难吗？”

刘福山说：“团长，我们7连保证坚决完成任务！”

“这次可不比以往，要把方方面面的困难都想到。”

蔡展鹏说：“请团长放心，7连决不做怂包软蛋！”

邱团长握着他们的手说：“好！就看你们的了！”

狼牙山根据地建立以来，1团7连一直没有离开过这一地区，所以，对这一带的地形和社情非常熟悉。而且参加了一次次的反“扫荡”、破“清剿”，粉碎敌人的“铁壁合围”等，打了大小战斗近百次，血与火的洗礼，把7连磨炼成一支能征善战的钢铁连队。连长刘福山、指导员蔡展鹏都是20多岁的年轻人，他们身经百战，机智勇敢，在全团都是数得着的敢打硬仗的好干部。所以，团里把阻击敌人、掩护部队主力和群众转移的任务交给7连，这也是情理之中的事情。

回到连队驻地，刘福山和蔡展鹏一起研究了作战方案，决定从狼牙山脚下起，组成3道防线，确保在主力部队和乡亲们安全转移前不能让鬼子进山。

“全连集合。”连长吩咐通讯员。

不一会儿，各班排迅速列队完毕，连长、指导员布置作战任务，并作简要的战斗动员。

“同志们！”连长在布置完各班排具体战斗任务后，又用严肃的目光看了看全连战士，继续深情地说：“团首长把阻击敌人、掩护部队和群众转移的任务交给了我们7连，这是党对我们的重托和考验，我们要用生命来保证，一定要完成好这次阻击和掩护任务！”

战士们齐声回答：“坚决完成任务！”

刘福山和蔡展鹏已感到肩头的责任异常沉重，他们面对的是数百倍于自己又武装到牙齿的日本鬼子，而他们掩护的是区县党政机关人员和手无寸铁的几万名老百姓。多沉重的担子啊！刘福山不由得重重出了一口气。

英勇阻击

按照战斗部署，7 连以班为战斗小组，迅速分散隐蔽于有利地形，注视着山下敌人的动向。6 班隐蔽在一小片凸起的山石后面，前面正对着进山的路口，便于监视敌人，观察转移的群众。从这里可以清楚地看到乡亲们有的牵着牛羊，有的挑着担子，妇女们抱着孩子、搀扶着老人，在地方干部的组织下，有条不紊地正向山里转移。

黄昏时分，3 团和 20 团完成了预定作战任务后迅速撤出战斗，消失于茫茫大山之中。日军指挥官高见本以为能抓条大鱼，不料却扑了个空，气得暴跳如雷，命令部队继续向狼牙山推进。敌人先是向山脚下发射了百余多发炮弹，接着，以一个大队的兵力向前攻击。

为了确保主力部队和人民群众安全转移，7 连必须在这里有效地阻击敌人。当敌人进入 7 连的防守阵地时，连长刘福山一声令下：“打！”

顿时，各班从不同的方向一齐向敌人开火。冲在前头的鬼子应声倒下一大片，后面的鬼子连忙趴在地上进行还击。在 7 连官兵强大火力的打击下，敌人第一次进攻就丢下 100 多具尸体，其余的惊慌失措地退了回去。又惊又怒的日军指挥官重新调整了兵力部署，不一会儿，由山炮和机枪作掩护，再次发起攻击。

连长刘福山叮嘱大家：“等鬼子靠近些再打！”

敌人越来越近了，有的连面部都能看得清楚。

“打！”

手榴弹，机枪、步枪子弹一起飞向敌群。由于我军居高临下，占领有利地形，鬼子很难攻破防线。战斗进行了近 20 分钟，日军没有前进半步，再次败下阵来。

天渐渐黑了，鬼子不敢夜战，只好垂头丧气退了回去……

连长刘福山和指导员蔡展鹏顾不上休息一会儿，马上了解伤亡情况，清点武器弹药。马宝玉带领 6 班战士在敌人上山必经之路上埋设地雷，并用杂草伪装好，又把一束束手榴弹放到半山腰的草丛中。马宝玉对大家说：

“赶快睡一会儿吧，明天还要战斗呢。”6 班战士们抱着枪相拥着睡着了。

25 日凌晨 4 点左右，一阵阵密集的大炮声打破了黎明的宁静，数百名日伪军在炮火的掩护下，又向我狼牙山腹地发起了更加猛烈的进攻。7 连战士巧妙地躲避着敌人的炮弹和满天飞舞的碎石，炮一停，都迅速进入阵地，灵活地阻击敌人。由于部队分散展开，战士们从不同位置向敌人射击，形成漫山遍野都是八路军的强大阵势，敌人不敢贸然挺进。同时，就在前天晚上，连长安排人在鬼子必经的路上，埋设了不少地雷，敌人还未进入阵地就被炸得魂飞魄散。

敌人凭借装备上的巨大优势，向狼牙山 7 连的阵地发动了数次进攻，都被英勇的八路军战士击退。突然，一枚炮弹在连长身边爆炸，弹片击伤了他的头部和胸部，鲜血流出来，染红了他的衣服。蔡展鹏飞奔过来，扶起刘福山大声喊道：

“连长！连长！”

刘福山慢慢睁开了眼睛问:“指导员，战士们怎样了？”

蔡展鹏说:“已牺牲了不少战士，敌人又被我们击退了。”

刘福山虚弱地又闭上眼睛，蔡展鹏急忙叫卫生员抱他到草丛中歇息。

在指导员蔡展鹏的指挥下，又一次击退敌人的进攻，他看了看手表，对连长和几位班排长说:“按照军区首长的指示，现在我们7连阻击敌人、掩护主力部队和群众突围的任务已经完成，我们应该马上撤退，但为了保证全连撤退顺利，还要留下部分人员拖住敌人。”从指导员的神情中可以看出，是在考虑派哪一个班来完成这个任务。

马宝玉见指导员半晌没说话，实在憋不住了，要求道:“把任务交给我们班吧，坚决完成任务！”

“我们坚决完成任务！”已经是副班长的葛振林和全班战士也紧握着拳头，像宣誓似的请求着。

其实，对6班，指导员是考虑过的，对这样一个响当当的尖刀班，也是放心的。可是，他们毕竟才5个人啊！要阻击数以千计的敌人，掩护大部队转移，这任务是何等艰巨啊！

指导员看着马宝玉那坚定、庄重的神情，又看了看葛振林、胡德林、胡福才、宋学义那一双双坚毅的眼神说：

“6 班长，你们才 5 个人……”

马宝玉知道指导员爱护 6 班战士的心情，便斩钉截铁地说：“我们是 5 个人，但我们是共产党培育的八路军战士，就是一个人，也要守住棋盘陀！”

“放心吧，人在阵地在，有我们就有狼牙山，就有棋盘陀！”

“把任务交给我们吧！”

“我们坚决完成任务！”

全连都在请战，激昂的声音震荡着狼牙山谷。

指导员最后决定由 6 班担任阻击任务。

马宝玉在一旁着急地说：“连长的伤势不能等啊！指导员，你带领同志们赶快撤吧！”

指导员迟疑了片刻说道：“宝玉，只能这样了，你们坚持到中午，争取让部队主力和群众走得更远些，然后能往哪儿撤就往哪儿撤，后天到规定地点集合。”

马宝玉回答说:“指导员放心，我们一定完成任务！”

团长邱蔚得知马宝玉主动请缨作掩护，急匆匆地赶到前沿阵地，看望了6班全体同志。

6班战士个个挺着胸，像是说:“团长，放心吧，天塌下来，我们也能顶住！”

团长看着6班一个个生龙活虎的战士，打心眼里高兴。他熟悉战士们的脾气、性格，对这个用铁锹夺枪的马宝玉更为了解。他曾在过去作战训练的日子里和马宝玉谈过心，拉过家常；行军间歇，和葛振林下过象棋；在宿营点里，帮胡福才挑过脚上的血泡；在训练场上，教胡德林练过刺杀，教宋学义跳过木马……所以，他对6班担负阻击任务感到满意，和战士们一一握手，并嘱咐:“突围的队伍和你们连的主力能不能安全跳出敌人的包围圈，全看你们了。从现在起，你们一个人要对付十几个甚至上百个敌人，一定要充分利用狼牙山的天险，死死拖住敌人，12点以前，不准敌人越过狼牙山顶棋盘陀，相信你们一定会圆满完成任务的。”

“请团长放心，坚决完成任务！”6班战士异口同声地回答。

战士们的声音在狼牙山上空久久回荡……指导员给6班补充了一些弹药，留下全部的地雷，随后，抬起连长和伤员，带着连队向老君堂、龙王庙方向突围……

马宝玉和战士们目送着转移的战友远去。夜风带着寒露吹湿了他们的军衣，但谁也不觉得冷。热血似炽烈的火焰在每个战士胸中燃烧，他们紧握钢枪仿佛在说：战友们，乡亲们，放心吧，有我们在，棋盘陀就是一把锁！狼牙山就是一道铜墙铁壁！

智牵敌寇

马宝玉带着6班趁着月色，一边看地形，一边商定了牵制敌人的战斗方案，在哪儿隐蔽，在哪儿埋伏，在哪个部位射击，轻、重武器布置在哪里，都作好了细致的安排。接着，马宝玉带领战士们把敌人可能经过的山梁、沟岔都埋上了地雷。然后，战士们又把手榴弹捆扎起来，串通导火索当地雷用。这一切都部署完后，葛振林乐呵呵地说：“咱班长想得真周全，连鬼子明晨的早点都准备好了！让鬼子好好尝尝这狼牙山的地雷是啥味了！”马宝玉让宋学义和胡福才监视敌人，其他人抓紧休息。

拂晓，晨雾慢慢散开，绚丽多彩的朝霞洒在远山近岭，把狼牙山装扮得更加雄伟壮丽了。它像一幅浓墨重彩的图画，展现祖国的锦绣山河，多么壮观啊！

6 班把守的地方叫“小鬼脸”，这个地方悬崖峭壁，怪石林立，山道像一条带子盘旋在突出的岩石上，是棋盘陀十分险要的地方。“小鬼脸”下面是“阎王鼻子”，再往下是“天梯”“南石门”。这些地方都是以其地形险势而得名。“阎王鼻子”上下陡直，唯一的路就是那状似鼻尖的不丁点儿的石头，上山时，只能用手指和脚趾抠住长在石缝里的小树，攀缘而上，一不小心就会摔下万丈悬崖。“天梯”像竖着的梯子，当地人说，山羊到了这里也得绕路，猿猴到了这里也得发颤。

东方发白了，警戒中的宋学义把刺刀扎在地上，耳朵贴着刀柄，仔细听了一会儿喊道:“福才，快叫班长，鬼子有动静了。”

马宝玉听到喊声一骨碌爬起来，5 位战士爬上高处向下一望，有五六百日伪军向山上爬来。马宝玉果断地说:“葛振林、胡德林带一挺机枪在左边，胡福才和宋学义带一挺机枪在右边，我在中间，鬼子一上来，就来个全面开花，既要拖住敌人，又要迷惑敌人。”

话音未落，南石门那边传来一声巨响，鬼子踩上地雷了，一声接着一声，响声四起，硝烟弥漫。爆炸声过后，只见鬼子兵弓着腰端着枪，小心翼翼地往山顶上爬。

5 名战士屏住呼吸，等待着鬼子一步步靠近。马宝玉见鬼子到了“天梯”，心想，这正是消灭敌人的有利地形。

马宝玉一声“打！”5 支枪口一齐喷射着仇恨的火舌，密集的弹雨铺天盖地地射向敌群。马宝玉这回又显出神枪手的本事来了，一枪一个，枪枪不落空，他刚撂倒几个，又露出几个黄溜溜的脑袋壳，他端起枪“砰”的一声，前面的鬼子应声翻下山去，后面两个鬼子吓得晕头转向，失足跌进深谷。胡福才高兴地叫起来：“看，班长真准，一枪打仨。”

鬼子仗着人多，前面倒下了一批，后面又涌了上来。葛振林看着来势汹汹的鬼子，每打一枪都要吼叫一声，好像那细小的枪口泄不尽他的满腔仇恨。胡德林、胡福才、宋学义脸绷得紧紧的，怒目圆睁，一连串的手榴弹投向敌群，炸得敌人鬼哭狼嚎地滚下山去。

日军指挥官望着棋盘陀下的一座小庙上空伪装的无线电天线，以为围住的就是他们恨之入骨的邱蔚主力，于是下达命令加大火力，调集几门山炮朝着“小鬼脸”猛烈轰击。一刹那，山顶上硝烟滚滚，铁石横飞。密集的炮火足足打了半个小时，终于停了下来。马宝玉用力睁了睁双眼，这才看清阵地上战友一个也没少。此刻，胡福才和胡德林正在争论着山上落了多少炮弹。

胡德林说：“我看足有250左右。”

“我看300也不止！”胡福才说。

马宝玉走过去宽慰地说：“管他多少呢，反正连咱们的汗毛都没碰着。”说得大家大笑起来。

炮火稍停，鬼子又向“小鬼脸”冲来。这次有200多个鬼子和伪军。葛振林见鬼子爬上“天梯”，说：“班长，打吧！”

“等等，近点再打！变换位置射击，让敌人摸不清虚实。”马宝玉说。

敌人不见山上开枪，爬得更快了，50米、30米……

有的已爬到“阎王鼻子”了。

“打！”马宝玉大喊一声。

顷刻间，子弹带着战士们的满腔仇恨射向敌群，手榴弹也在敌群中猛烈爆炸，打得鬼子上不去下不来，乱成一团。有个胖乎乎的鬼子吓得连枪都扔了，一双手死命地抱住悬崖边的一棵小树，哪知树干断了，连人带树一起坠入深谷。

这时，敌人的一颗手榴弹落在胡德林身边，“哧哧”地冒着青烟，眼明手快的葛振林拾起手榴弹扔下山去，随着一声轰响，几个鬼子又上了西天……

敌人的冲锋一次接着一次，6 班的阻击一次比一次猛烈。

鬼子的 4 次进攻都被击退了，也没能爬进 6 班阵地半步。但在山谷里却留下鬼子一具具尸体。

马宝玉擦去脸上的汗水，抬头看了看太阳，他估量时辰已过 12 点了，便对战士们说：“我们的任务完成了，撤！”

马宝玉带领战士们向山后转移，没走多远，到了一个叫“铁箭岭”的地方。铁箭岭是距山顶不远的一个岔路口，岔路口上有 3 条小路，一条通向山脚下，但已经被日伪军围堵；另一条横在山腰向北延伸，这是部队主力和乡亲们转移的方向；再一条就是通向狼牙山顶峰棋盘陀。棋盘陀峰顶三面都是斧凿刀削般的悬崖峭壁，下面是万丈深渊。去棋盘陀是一条绝路。

马宝玉站在岔路口，看到山脚下敌人的大炮、机枪正吐着长长的火舌，一群群的鬼子兵在炮火的掩护下不断向山上爬行。

往哪个方向走呢？面对这生死抉择，马宝玉看着战友们犹豫了。往右的路经过老君堂奔往展子台，可很快赶上连队。但敌人就在身后，我们走到哪儿，敌人就会跟到哪儿。这样主力部队和转移的群众就有暴露的危险；往左通往狼牙山顶峰棋盘陀，可以牵制住敌人，保证主力部队和乡亲们的安全。但这是一条绝路，到了峰顶便无路可退了。

生死关头，三岔路口像个大问号摆在战士们面前。

5位战士交换了一下坚毅的目光，马宝玉下定决心，对战友们说："走！上棋盘陀！"

"班长，我们听你的！"

"我们跟鬼子拼了！"

5个人都明白，这个选择意味着什么，把敌人引向绝路，顾全了大局，但也放弃了自己生还的希望。为了进一步迷惑敌人，马宝玉用石片在三岔路口的石壁上画了路标箭头，指向棋盘陀下的山神庙，迷惑敌人，然后，五勇士迅速向山顶攀去。

一大队鬼子在火力的掩护下，气喘吁吁地爬到了三岔口，他们正在辨别八路军走的方向时，一个鬼子忽然发现了石壁上的路标，便喊道："八路的在这边！”鬼子指挥官看了看地上行走的痕迹，指着东南方向，冷笑着说：“八路这边的有，这边的追！”见此情景，马宝玉果断开枪，以诱惑鬼子上钩。这时，鬼子指挥官转身举起望远镜向山顶观察。看见了我军故意立在山神庙上的天线杆，一阵狂喜。他知道八路军只有团级以上机关才有发报机，便兴奋地狂叫：“八路的指挥所！快快地冲！奖赏大大的有！”接着，成群的鬼子拼命地向山顶方向冲击。

此时，马宝玉、葛振林、胡福才、胡德林、宋学义 5 位战士已完成牵制敌人的任务，想要安全转移还是来得及的，但是他们为了让主力部队转移得更远、更安全些，便毅然下定继续“牵”敌的决心。他们没有沿部队转移的方向撤，而是将敌人引向相反的方向。马宝玉他们心里非常清楚，几万人走过的山间小路、被踩踏过的茅草会清晰地暴露党政机关和群众转移的方向，敌人即会调动兵力全力追击。所以，他们不但要英勇顽强地阻击敌人，更要以革命战士的大智大勇来迷惑敌人，牵制住敌人。宁把死的危险留给自己，要换得主力部队和人民群众的安全！

喋血山巅

马宝玉他们和敌人边打边撤，继续向山顶攀缘，不一会儿便把敌人引上了棋盘陀下面的一个叫“牛角壶”的地方。这里有许多大大小小的石洞，多为口小底大，便于观察和隐蔽。

看见日伪军被远远甩在后面，战士们便坐下来休息一会儿。

又渴又饿的宋学义拿起水壶刚想喝水，才发现水壶早已被打漏了，大家一看葛振林、胡福才、胡德林的水壶也都是弹痕累累，里面一滴水都没有。马宝玉拿起水壶一看，脖颈上也被子弹打了一个窟窿眼，晃了晃，还有一点水，他高兴地说：“来，每人喝一口，润润嗓子！”可推来推去，谁也舍不得喝一口。马宝玉没办法，只好自己先喝了一小口，然后递给每个人各喝了一口。

这时，马宝玉看着身边的这几位生死相依，浴血奋战的战友，对葛振林说：“振林，我觉得咱班的胡福才、胡德林和宋学义，经过这次战斗的考验，都够入党的条件了，咱俩做他们的入党介绍人怎么样？”葛振林听后连忙表示同意。于是，马宝玉从怀里掏出一个小本子，放在膝盖上写了起来。然后，他又把胡福才、胡德林和宋学义叫了过来，郑重地说：“我和葛振林同志是共产党员，以前对你们帮助不够，没有培养你们入党，多次战斗证明你们3人都具备了成为一名光荣的中国共产党员的条件，我和葛振林同志愿意当你们的入党介绍人。”

马宝玉合上小本子，又小心翼翼地装进怀兜里，接着说：“如果这次战斗我牺牲了，领导和同志会找到我的尸体，会在我的衣袋里发现我和葛振林同志介绍你们入党的信。现在，就让我们用实际行动，表达我们对党的无限忠诚吧！”

3名战士激昂地说：“坚决听从党的安排，接受党的考验！”

敌人又一次进攻开始了。

“鬼子上来了，打不打？”马宝玉忽地站起来，坚决地说：“打！再靠近点，狠狠地打！”

马宝玉和战友们用石洞和草丛作掩护，打一枪换一个地方，让敌人摸不清虚实。每打退敌人一次进攻，就钻进石洞隐蔽起来。由于山路狭窄，敌军只能一个跟一个，呈一字长蛇阵向上面冲。5 位勇士凭借林立的山石和居高临下的有利地势，一会儿开枪点射，一会儿扔颗手榴弹炸他一群。窄小的山路上鬼子无处躲藏，被炸得血肉横飞。

时过中午，急不可耐的日军加强了火力，山炮、迫击炮密集地向山上打来，炸得山石横飞，点燃了山上的茅草和树枝。敌人又发起了进攻。

葛振林正在密切地注视山下敌人的动静，突然胡德林猛地推了他一把，喊道：“副班长，你衣服着火了！”葛振林这才觉得后背有些热，他顾不得解衣扣，使劲一撕，把外衣拽了下来，嘴里骂道：“可恶的小鬼子，可惜我这还没穿几天的新军装了。”

炮击过后，成群的鬼子顺着狭窄的山路不断地往上进攻，人虽多，但施展不开。马宝玉集中全班火力对着敌人一阵猛打，往往击中前面的一个，跟在其身后的敌人也一起滚下山崖。敌人进攻未果，再一次付出惨重的代价。

太阳偏西了，马宝玉和战友们撤到了棋盘陀顶峰。这时，一批批的敌人还在一个劲地往上冲，逐渐逼近的鬼子举着“膏药旗”，一边爬一边高叫：“八路的快快的投降……缴枪的优待……”

宋学义气愤地骂道：“去你的，优待你一个手榴弹！”他铆足了劲，连投两颗手榴弹，顿时，狼牙山山顶山摇地动，硝烟四起。

“嗒、嗒！……咔！”当马宝玉对着往上爬的鬼子扣动扳机时，不觉倒吸了一口凉气，枪膛空了，不知不觉他们已把子弹打光了。与此同时，其他几位战友也几乎同时发问：“还有子弹没有？还有手榴弹没有？”

“班长，我这还有一颗手榴弹。”胡福才说着就要拧手榴弹盖。

“慢！”马宝玉接过手榴弹，用坚毅的目光扫视了一下战友们，“这颗手榴弹留着，到万不得已的时候再用！”战士们不由自主地向马宝玉靠了过去。

此时，日军指挥官通过望远镜观察，终于弄清楚与他们周旋了一天的八路军，总共才5个人，觉得上了大当，气得暴跳如雷，一股怒火冲上脑门，大喊道:“给我抓活的！缴枪的不杀……”

鬼子知道前面的八路已经没有子弹了，更是壮着胆子蜂拥般地冲了上来。鬼子越来越近了，就连眉毛鼻子都能看得十分清楚，葛振林猛地搬起一块大石头，狠狠地向鬼子砸去。马宝玉、胡福才、胡德林和宋学义也都搬起石头向山下砸去。大块的石头落在鬼子身上，又向山下滚去，一块石头击倒数人，鬼子躲又没法躲，上又上不去，急得“嗷嗷”直叫。

山顶上能拿得动的石头都被战士们扔完了，鬼子又重整旗鼓，慢慢逼近。这时，马宝玉“嗖”地从腰间抽出那颗手榴弹，其他4个战友都明白，已到最后的关头了，便一起向班长马宝玉靠拢。

上来的鬼子直勾勾地盯着战士们和那颗手榴弹，吓得双腿打战，直往后退。

突然，马宝玉猛地把手榴弹投向敌群，“轰”一声惊天动地的巨响，响彻了山谷，敌人被炸得晕头转向。

随后，马宝玉吩咐大家：“快上崖！”他一转身，第一个跃了上去，其他战友也跟着向崖顶攀登。马宝玉一边攀爬一边对战友们说：“如果我们牺牲了，也是有价值的，因为，我们是为了打鬼子而死的！”

葛振林说：“班长，我们听你的，八路军决不当俘虏！”

大家异口同声地说：“八路军决不当俘虏！”

5 位勇士爬到了险峰之巅，这里从前崖到后崖只有六七步，下面便是悬崖绝壁。马宝玉挽着 4 位朝夕相伴的战友，一步一步直到悬崖边。他拿起那只“三八大盖儿”枪，用残破的衣袖擦了擦枪身。这是他亲手用铁锹夺来的战利品，是他心爱的“战友”，也是他的光荣和骄傲。他斩钉截铁地说：“即使我们牺牲了，枪也决不能留给鬼子！”说完“啪”地一下，把枪摔向岩石，枪立刻断成两截飞向山谷。

葛振林也举起枪托砸了下去，却已没了力气，枪未断，便捡起来扔进了山谷。

宋学义、胡福才和胡德林也早已经没有了气力，也都跟着把枪扔下山谷。

看着山坡上成群结队往上爬的敌人，5 位勇士没有丝毫的畏惧和胆怯。马宝玉深情地望着几位战友，坚定而又沉着地说："同志们，我们已经胜利地完成了上级交给 6 班的任务，现在，我们对党和人民表达忠诚的时候到了！"

鬼子一步一步地向他们逼近，叫喊着：

"八路的，投降的，缴枪的不杀！"

"投降的，皇军优待优待的有！"

马宝玉就像没看到鬼子一样，大声喊道："同志们，党和人民考验我们的时候到了，革命战士宁死也不投降！"

"革命战士宁死不投降！"战士们齐声高喊。

马宝玉大声喊道："同志们！跟我来！"他转身跑向山崖，一声高喊：

"打倒日本帝国主义！"

"中国共产党万岁！"

随即，马宝玉像每次战斗发起冲锋一样，大喊一声："跟我来！"便纵身跳下了悬崖。

副班长葛振林，战士宋学义、胡福才、胡德林紧随其后，高呼着：

“打倒日本帝国主义！”

“中国共产党万岁！”

……

纵身跳进了大山深谷。

如血的残阳染红了狼牙山的每一座山峦，棋盘陀顶峰肃穆静立在夕阳中，时间也在这一刹那间凝固了。5 位勇士那气壮山河的口号声回荡在狼牙山的群峰峡谷中，一山一山地传递着，一谷一谷地回荡着。岩石、陡壁、大树、小草无不为之动容，无不为之悲泣，在风中为宁死不屈、毅然跳崖的勇士们发出“呜呜”的哀号。

爬上崖头的日军，目睹了眼前壮烈的一幕，个个大惊失色，目瞪口呆。一向自我标榜“武士道”精神的日军，震惊之余，深深地被 5 位中华勇士这种慷慨赴死、捐躯殉国的大无畏精神折服了。

秋风怒吼，易水咆哮，苍松静默肃立，呜咽着悲痛的松涛声，仿佛 2000 多年前的悲歌又随着逝去的波涛响起：

“风萧萧兮易水寒，壮士一去兮不复还……”

群众相救

硝烟渐渐散去，暮色笼罩着苍茫大地。敌人耗费心机，以伤亡近百人的代价，终于占领了狼牙山顶峰，但让他们看到的却是5位八路军战士舍身跳崖的惊世壮举。

马宝玉、葛振林、宋学义、胡福才、胡德林只不过是八路军队伍中的普通战士，他们舍生取义的英雄壮举，代表的是整个中华民族不畏强敌、英勇顽强、不屈不挠的伟大精神。

就在五勇士舍身跳崖的那一刻，有一位目击者叫冉元同，是狼牙山脚下易县毛儿岩乡甘河北沟村的一位农民。前一天，冉元同和村里的另一位民兵担任护送乡亲们转移的任务，没有赶上大部队的行动。为防止日军的搜查，他躲进了狼牙山棋盘陀对面大莲花瓣山的一个山洞里。当时，就目睹了5

位战士顽强战斗的场面和跳崖殉国的壮烈一幕，他深深地被八路军战士的英雄壮举所感动，泪水止不住地往下流。等到天黑时，他下山回到村里，找了几个没有来得及转移的村民，一起进山寻找5名战士的下落。

第二天东方刚露鱼肚白，冉元同他们便沿着崎岖的小道来到棋盘陀崖底，寻找跳崖战士的尸骨。他们首先找到了胡福才的遗体，又在脚坡的石堆上找到了马宝玉和胡德林的遗体。后来又找了一个多钟头，也未见另两位战士，因怕惊动敌人，只好作罢。他们把3位战士搬到一个较为隐蔽平缓的土坡上，并排放在一起，周围用石块堆砌起来，上面撒了一层碎石和沙土，简单地埋葬了烈士。冉元同流着泪说："勇士们，你们先在这里歇息吧，等转移的部队和乡亲们回来，再接你们回去……"

不知过了多久，一同跳下悬崖的副班长葛振林在冥冥之中觉得有风吹树叶的声音，好像感觉自己还活着，这不是梦吧？葛振林试着睁开眼睛，看到的是一片漆黑。他想活动一下胳膊，刚一动身，一阵剧痛通遍全身，他又昏了过去。等他再苏醒过来时，他想起了那场激烈战斗和跳崖的情景："对！我是跟班长和战友们一起跳下悬崖的。"葛振林意识到自己还活着，只是挂在一棵长在崖壁上的树枝上，身上多处被划破，头部伤情较重，疼痛难忍。他觉得脑袋昏沉沉的，周围一片寂静。葛振林试着活动一下四肢，胳膊腿脚还能动，不由得兴奋起来。强烈的求生欲望驱使他不顾疼痛，伸出手来去抓藤根和树枝。

一阵夜风掠过，时而有几颗星星穿过云层透出微弱的光亮。葛振林借着星光，环视了一下四周，发现左侧有一道山势较缓的斜坡，他艰难地转过身，抓住树杈和岩缝，慢慢挪动着身子，使出全身气力一点一点地向前爬去……过了一会儿，葛振林稍微恢复了点体力，便轻声呼唤："班长……老胡……学义……"

没有人答应，只有山风呼呼地回响。

葛振林吃力地爬着，爬几步就停下来歇一会儿，然后再爬几步。他实在爬不动了，便趴在了山坡上。

就在此时，有一个人正急匆匆地在这片山林寻找着什么，他时而四处张望，时而侧耳听听动静。他似乎听见了不远处有点动静，便不顾危险急忙滑到山坡上，这才惊奇地发现了受伤的八路军战士葛振林。此时的葛振林只有微弱的喘吁之气，没有动弹之力了。

那人俯身轻声呼唤："同志！同志！你还活着吗？你醒醒！"

葛振林听见了呼唤声，睁开眼睛看着那个人，有气无力地说："你……是……谁？"

那人问道："你是不是7连的？跟鬼子打了一整天的？"

"我是……7连……6班的，葛……振林。"

那个人激动地说："你就是跳下悬崖的八路军，我正在寻找你们哪！……"说完他把葛振林的胳膊搭在自己的肩上，背起来艰难地向前走去。

他们来到一个较为平缓的山坳，那人把葛振林放下来平躺着，又把随身带的水喂给他喝了两口。

来人自我介绍说："我叫余药夫，是易县青年救国会的，是来寻找你们几个跳崖的八路军的。不知跳下来的其他同志是否还有活着的？"

葛振林依然恍惚："……好像没有了，班长他们可能都牺牲了，我是被树挂住的……同志，谢谢你！"说罢，眼泪夺眶而出。

原来，9月23日这天，中共易县县委召开紧急会议，部署反"扫荡"工作。次日，余药夫在护送群众撤离进山翻越沟堑时，不慎脚部受伤，因行动受限，为了不拖累大家，他便悄悄地隐藏在一个山间的崖洞里。说是崖洞，其实就是一条崖缝。这个崖缝的最上端就是棋盘陀的顶峰。

25日这天，余药夫隐蔽在崖缝中，时刻注视着山顶上的战斗。5位战士舍身跳崖时，他目睹了这壮烈的一幕。傍晚时分，枪炮声渐渐停息，当敌人撤离后，余药夫不顾脚部伤痛，悄悄地爬出崖洞，一瘸一拐地在山间攀爬，寻找跳崖战士的踪影。万幸的是，他在这里找到了大难不死、幸免于难的葛振林。

当余药夫背着葛振林继续前行时，仿佛听到石崖下边有动静。二人警觉起来，再仔细听了一阵，好像是人的呻吟声。

余药夫对葛振林说："你在这儿休息一会儿，

我到前面坡下看看。”

大约过了半个时辰，只见余药夫艰难地爬了过来，身上还背着一个人。葛振林定神一看，是宋学义，急忙喊道：“学义！学义！你……还活着？我是葛振林。”

宋学义的声音非常微弱：“副班长，你……你……”话没说完又昏了过去。

宋学义跳崖后，被一棵枯了半截的老树和一块岩石挡住了不断翻滚的身体。由于伤势太重，当即就昏迷了过去。过了许久，他才慢慢苏醒过来。宋学义吃力地睁开眼睛，眼前一片混沌。侧耳细听，山上山下没有一点动静。他意识到自己还活着，伸手一摸，身上黏糊糊的全是血，满身上下都是伤痕，整个人像散了架一样，腰好像被摔断了，肚子里一阵阵剧痛。他试着翻身，刚动一下身子，只感到浑身剧烈的疼痛。

宋学义心想，班长和其他战友可能都已经牺牲了，不禁心中一阵悲痛。战友们都牺牲了，我活着还有什么意思！一头栽下去算了。转念又一想，我还是不能死，这样死了对不起同志们啊！我必须活下去，要给死难的战友和乡亲们报仇，早日把日寇赶走。想到这里，忽然觉得身上有了一点力气。于是，他抓着藤条和草根，拼尽全力向上爬去。然而，因伤势过重，还一口一口地吐着鲜血，爬了不到几米，一阵强烈的痉挛，又昏迷了过去，直到被余药夫发现。

英雄归来

余药夫搀扶着葛振林和宋学义艰难地向山下走去。因二位战士伤势严重，几乎无法行走，特别是宋学义腰部剧烈疼痛，只好一点点爬着向前挪。后来，连挪也挪不动了。余药夫只好一个一个地朝前护送。先搀着葛振林走一段放下，然后再回来背宋学义。就这样把余药夫累得满头大汗，气喘吁吁。他脚部有伤，而且一整天没吃一点东西。葛振林见余药夫如此受累，于心不忍地说：

“同志，这样走会把你累坏的，不如在这里歇歇，等天亮了再去找人来。”

余药夫看着两位战士伤势严重，特别是宋学义已是有气无力，站都站不起来，嘴里还不时吐着血。如果不及时救治，怕是支撑不到天亮。他心急如焚，现在无论如何也不能停在这儿。于是，余药夫思索片刻对葛振林说：“不能停，前面不远有个道观，咱们先到这个大庙里歇一歇，看看有没有吃的，再坚持一会儿吧！”

由于当时山上情况不明，既担心有隐蔽的敌人，又担心踩上埋下的地雷。为了安全起见，余药夫先往前探路，摸清情况后再回来搀扶二位伤员。他先来到道观旁，仔细查看了周围，没有发现异常情况，便找到两根棍子再折回来，三人相互搀扶着，一步一步向道观走去。

这座道观历史久远，已不知是什么年代所建，道观里原有几位道士，因近期狼牙山战火丛生，前几天都外逃避难去了。只有一位名叫李海忠的道长不肯离开。

李海忠是一位颇有爱国之心的“世外高人”，他和八路军第 1 军分区司令员杨成武有交情，就在日寇向狼牙山“扫荡”之前，他热情地为八路军引过路，还参与了帮助部队和群众的转移工作。当他送完群众准备返回道观时，道路已被日军的炮火封锁，他便在另一个山峰的山洞里躲了起来。当时，7 连战士奋勇阻击敌人，与鬼子激战在棋盘陀时，他正在另一座山上。李海忠也是 5 位勇士浴血山巅、舍生取义、纵身跳崖的目击者之一。

李海忠道长惦记着道观，更惦记着纵身跳崖的 5 位勇士。于是他不顾天黑路险，枪声停了之后，便急匆匆地往道观赶来。听到道观里有动静，他以为还有鬼子未撤走，就躲在隐蔽处观察，看到是自己人他才走了过来。余药夫认出了李海忠，惊喜万分，忙说：“李道长，你没撤走啊？谢天谢地！这下两位勇士有救了！”

“怎么？是昨天阻击鬼子的八路军吗？”

“正是。他们是 1 团 7 连的……”

李海忠连忙上前看了看葛振林和宋学义的伤势，葛振林尚可，只是宋学义已神志不清，口中还吐着鲜血。

李海忠年轻时学过医道，出家后在狼牙山区十几年，采撷百草，熬制药剂，钻研医学，救死扶伤，常为老百姓解除病痛，成为远近有名的中医先生。李海忠弄来了盐水为葛、宋二人清洗了伤口，又拿出自己配制的专治跌打损伤的中草药，敷在葛振林和宋学义的伤口上，细心地给二位战士疗伤，使他们的伤情得到控制。接着李海忠又找来一把小米，用山泉水为他们熬了一小锅粥。

天亮时，一位八路军战士提着枪气喘吁吁地向道观跑来。大伙一看，来人正是7连的司号员李文奎。他是奉首长命令，前来寻找6班战友的。当他见到身负重伤的葛振林和宋学义时，百感交集，眼泪唰地流了下来："副班长，老宋，你们还活着！"

3个战友重逢后，失声痛哭起来。

李文奎是连里的司号员兼通讯员，他对狼牙山上的敌情和地形都比较了解，山下还有没撤走的鬼子和汉奸。于是，他们喊来几位民兵，抬着二位伤员，选择了一条安全而僻静的小路下了山。临行前，李海忠千叮咛万嘱咐，还给带了一些他配制的草药。中午时分，在一个山口处，余药夫、李海忠和八路军战士们含着眼泪握手道别。

葛振林、宋学义负伤归队了，这无疑是一个天大的喜讯。团长邱蔚拨通了军分区司令部电话，向杨成武司令员报告了这一惊人的消息：7 连 6 班在狼牙山阻击敌人、纵身跳崖的 5 位战士，有两个战士葛振林和宋学义，跳崖后被树干挂住，经群众相救，绝路逢生，现已带伤归队！

杨成武司令员听到这个消息，马上安排军分区政治部派人去 1 团 7 连采访了解事情真相。军分区宣传科的钱丹辉受命前往团卫生队采访，并代表军分区首长慰问看望正在疗伤的葛振林和宋学义。

二位英雄听说军分区来人采访他们，显得有些拘束不安。他俩忍着疼痛准备从病床上坐起来，钱丹辉急忙制止并扶他们躺下。宋学义因腰椎断裂并严重错位，而且一只眼睛挫伤，伤势较重，说话有点吃力；葛振林头部磕了一个洞，造成轻度脑震荡。钱丹辉向二位英雄转达了首长的慰问和嘱咐，然后，详细询问了狼牙山阻击战的战斗经过……

英雄们的壮举让钱丹辉深受震撼，他连夜赶回军分区，含泪将 5 位勇士的英雄事迹写成了一篇

800 多字的文稿，第二天送给杨成武司令员审阅。杨司令看后非常震惊，立即安排机要科："要用电报的形式发往晋察冀军区。"军区聂荣臻司令员看了电报后批示："马上向八路军总部转报。"

电报很快传送到延安，八路军总部向全军和各级党组织通报了这一情况，并号召各抗日根据地军民向 5 位勇士学习。狼牙山五壮士的英雄事迹随即传遍了整个敌后抗日根据地，极大地鼓舞了广大军民抗战的热情。从 5 位勇士身上表现出的不屈不挠的民族气节，成为抗日根据地的一面旗帜。随即晋察冀军区政治部作出"宣传五壮士，向英雄学习"的决定。聂荣臻司令员批示，要通过各种形式，广泛宣传学习狼牙山五壮士的英雄事迹，做到家喻户晓，以激励军民斗志。

1941 年 10 月 18 日，晋察冀军区第 1 军分区隆重召开追悼大会，悼念以身殉国的马宝玉、胡福才和胡德林 3 位烈士。杨成武司令员在会上宣读了晋察冀军区政治部发出的训令。训令要求全区部队学习马宝玉等 5 位勇士英勇、坚决、顽强的革命斗争精神，要在整个抗日根据地迅速掀起学习五壮士的热潮。同时，晋察冀军区决定了 4 项开展纪念活动的办法：

一、在每次战斗中，高度发扬英勇顽强的战斗精神，以战斗胜利纪念他们。

二、在烈士牺牲的地方建纪念碑。

三、授予马宝玉、胡福才、胡德林三烈士为 1 团模范荣誉战士，每逢纪念日点名，首先从荣誉战士点起。

四、对光荣负伤的葛振林、宋学义除通令嘉奖外，各赠“模范青年”奖章一枚。

……

追悼大会召开不久，葛振林和宋学义在医护人员的精心治疗下也伤愈出院了。邱蔚团长特地派自己平时坐的吉普车拉着蔡展鹏指导员去团卫生队把二位英雄接回来。当汽车驶进一团驻地易县北娄山的时候，几千名战士和乡亲们涌上路口迎接英雄。看着这热烈的场面，葛振林和宋学义感动得热泪盈眶，更加怀念殉难的战友。

第二天，第 1 军分区在 1 团驻地北娄山举行了盛大的颁奖大会。会上，宣布了各级作出的“向英雄学习”的决定和措施。杨成武司令员将军区颁发的“勇敢顽强”奖章和“模范青年”奖章，亲自戴到葛振林和宋学义的胸前。第1军分区政委罗元发亲自给两位壮士披戴上英雄花。大会上，军分区奖给7连一面锦旗，写着:“学习勇士顽强的革命精神，发扬英勇果断的战斗作风。”6班也被誉为“狼牙山五壮士班”，7连被誉为“狼牙山五壮士连”。

最后，杨成武司令员宣布晋察冀军区的命令，决定选送葛振林、宋学义到八路军抗日军政大学二分校学习深造。

04 历史的丰碑

深藏功名的宋学义

宋学义在“抗大”二分校毕业后，又回到7连当排长，他始终保持着“五壮士”的英雄本色，每次战斗，他总是带着伤残的身体冲锋在前，又多次荣立战功。但由于长年战火硝烟的摧残，他的身体状况越来越差，特别是当年跳崖致使他的腰椎严重受伤，落下了残疾。长途行军和战场拼杀已令他倍感体力不支，有时伤口疼得走不了路，不得不让战士们背着或抬着。为此，他感到十分的苦恼，觉得自己近至残废，不能很好地带领部队完成作战任务，甚至还要给领导和同志们增添负担。他多次告诫自己：“咱不能只躺在功劳簿上呀！”于是，他权衡再三，便把自己想离开部队的想法向首长作了汇报。首长们怎能舍得让他离开部队呢！但在他的坚持下，1944 年，宋学义复员到他曾经战斗过的河北省易县北管头村落户了。

北管头村是当时的抗日“堡垒村”，作为八路军的一员，宋学义对这里的每一户人家、每一位乡亲都很熟悉，对村里的一草一木也都深有感情，可以说这里是他的第二故乡。村民们也都十分敬重这位战斗英雄。村上分给他二亩地、三间房。从此，宋学义成了一名普通的老百姓，可他从没忘记自己是一名共产党员，他积极参加党的组织活动，还带领民兵训练，帮着困难群众干农活，空闲时间，他时常挑着筐在村里村外捡粪。尤其是谁家遇到难事，他都主动去帮着解决，乡亲们也待他犹如家人。

不久，乡亲们推选他当了北管头村农会主席。从此，他带领乡亲们搞土改、分田地，反奸除霸，支援前线。他不居功自傲，不顾伤残的身体，一心一意为群众操劳，从而更加赢得了乡亲们的尊重和爱戴。1946 年 3 月，在村民们的热心介绍下，宋学义与本村贫农李老广的女儿李桂荣结了婚。

1947年6月，宋学义听说自己的河南老家解放了，他经当地政府批准，带着革命伤残军人证明书、共产党员介绍信和已经怀孕的妻子长途跋涉，回到自己的家乡河南省沁阳县王曲乡北孔村。当时，沁阳县城刚刚解放，宋学义回到阔别多年的家乡，见到了日夜思念的亲人，不禁百感交集，泪沾襟衫。亲人们告诉他，在他参军不久，父亲就带着全家外出逃荒了，后来，他的哥哥在煤矿做工被砸死，两个妹妹先后被迫卖给有钱人家做童养媳，不久，他的父母在贫困交加中双双离开人世。他的婶母和堂弟被日本鬼子杀害，他家原来的旧宅也被烧毁。

家中的遭遇、亲人的不幸，使宋学义悲痛万分，泣不成声。村长说："学义，别难过，还有我们大伙呢！"于是，村长叫来人，要帮他修建房子，他无论如何也不让修。自己找了些残砖旧瓦凑合着盖了两间房子。不久，宋学义被乡亲们推选为北孔村农会主席，在随后的反奸除霸、减租减息和土地改革工作中，他把土地、房屋、钱财和衣物都分给了穷苦百姓，坚持不给自己分房屋、钱财等贵重物品。

宋学义始终深藏功名，不论是在工作中，还是在与他人的交往中，从来只字不提当年在狼牙山跳悬崖的事情，与他在一起工作的同事乃至乡亲们，谁也不晓得此事。只知道他是一个吃苦耐劳的共产党员，是一个公道正派、身残志坚的老八路。

有一次，他上学的儿子宋大保在语文课本上读到《狼牙山五壮士的故事》时，发现课文中有个战士叫宋学义，与自己父亲同名同姓，回家问父亲：“爸爸，你是我们课本上写的那个宋学义吗？”

宋学义摇了摇头说：“咋会呢？不是，不是。”

在此后的很长一段时间内，宋大保再也没有将沉默寡言的父亲与惊天动地的英雄联系在一起。就这样，居功不语的宋学义也一直深藏着自己的功名。

1951 年，党中央为在首都北京召开的全国老军人、老烈属和残废军人代表大会做准备，要求各地寻找在战争年代英勇杀敌，作出过杰出贡献，返乡后与原部队失去联系的战斗英雄的下落。河南省沁阳县民政部门接到任务后，根据上级的指示和提出的线索，通过翻阅查找大量资料，了解到宋学义大概就是上级要求寻找的狼牙山五壮士之一。于是，沁阳县民政干部张贺兆带人来到北孔村了解情况。

张贺兆一行刚进村，就碰到一位憨厚的农民，听说是来找宋学义的，便主动为他们带路。他一边走一边说："宋学义是我们村的农会主席，他回村这几年，工作勤勤恳恳，任劳任怨，谁家有困难他都主动登门帮助解决，他还把政府发给他的残疾金都救济了村里的困难户，弄得他家的生活比全村最困难的人家还紧张。"

听了这位农民的一番话，张贺兆感到很疑惑。他想，许多人都津津乐道于自己曾"过五关斩六将"，而宋学义怎么会对村里人不透露一点功劳的事，难道他不是上级要找的宋学义？要说不是，可他的所作所为又让张贺兆感觉到，这个宋学义是一个不一般的残疾军人。

说话间，张贺兆他们来到村中间路南的一户农家门前，那位农民用手一指说："这就是宋学义的家！”

这是一座凹字形的街房，街门中开，没墙没栅，院子空敞。再仔细一看，屋墙斑驳，雨痕道道。难道这就是战斗英雄的家？

张贺兆正想着，忽听那位农民大声喊道：“学义哥，县政府派人看你来啦！”

“学义没在家，去工地了！”随着回答声，一个操河北口音的年轻妇女从屋里走了出来。她身上穿着补丁摞补丁的夹衣，怀中还抱着一个孩子。

那位农民忙介绍说：“这就是学义嫂李桂荣，你们稍等，我去把学义哥叫回来。”

李桂荣很好客，热情地邀请客人：“屋里坐吧，外面太冷！”

张贺兆他们走进屋里，环顾四周，屋内简陋得令人吃惊：屋的正中摆放着一张只有 3 条腿的八仙桌，桌前是两个小矮凳。靠屋的西墙根堆着一些苞米棒子，东山墙下摆放着一张破旧的木床，床上是一条多处露着棉花的被子。屋门后支着一个黄土垒的锅台，李桂荣放下孩子开始生火烧开水。

看着这一切，作为民政干部的张贺兆不禁产生了怜悯之心，忍不住问："嫂子，你们土改没分到什么物品吗？"

李桂荣坦然地说："怎么没分！好房好家具啥都有，可是学义不让要，说咱是共产党员、农会干部，应该吃苦在前，享受在后，好东西要让给更困难的人家，要不是我狠心要下那张床，如今我们一家还睡着地铺呢！我跟学义说，咱不要好房，你不能把咱家的房子拾掇一下？他却说，现在刚解放，百废待兴，等生产搞上去了，大家都富裕了，还怕咱们没好日子过？"

听着这朴素的话语，张贺兆眼睛一亮，他肯定就是我们要寻找的战斗英雄。

正在这时，那位农民陪着一个30多岁、满身泥巴的人走了进来。这个人个头不高，却敦敦实实，两眼稍斜，却炯炯有神；光头、夹衣、单裤，穿着一双露了脚指头的鞋子，拦腰扎一根草绳，腰间插着一根竹管旱烟袋。这身打扮，使他本来就已佝偻的身躯显得更有些驼了。看到这些，张贺兆怎么也无法将他与想象中的那位叱咤风云的狼牙山五壮士的高大形象联系起来。

宋学义热情地让客人坐在床沿和椅子上，他自己却坐在门槛上。

张贺兆开门见山地说明了来意："现在全国正在搞残疾退伍军人登记，需要了解一下你的简历。"

宋学义笑着说："那好，要了解什么你们说吧。"

"你是什么时候参军的？是哪个部队的？"

"1939 年参加抗日游击队沁河支队，1940 年编入晋察冀军区第 1 军分区 1 团。"

接着，张贺兆又问了宋学义参军后的部队生活，参加的战役和战斗等情况，宋学义都说得一清二楚。张贺兆有意把话题引向狼牙山阻击战，可宋学义似乎觉察到什么，对此避而不谈。正在这时，村上来人喊宋学义，说挖河工地上有急事需要他去一下。宋学义急忙起身，抱歉地说："你们稍等我一会儿，我去去就来。"

宋学义走后，李桂荣笑着说："我看出来了，知道你们是来干什么了。你们拐弯抹角不就是想让学义说说狼牙山战斗的事吗？我告诉你们吧，他是不会说的。这么多年来，他曾三番五次地对我说，现在国家正在困难时期，我们宁可自己受千般苦，也不要表一分功，更不能给党和政府添麻烦。我在军队上的功劳一个字都不许提！”

听罢此话，张贺兆恳切地说：“嫂子，你说得很对，我们就是按照上级指示寻找在狼牙山跳崖的英雄而来的，党和政府非常关心他们的下落，要求必须找到！你们要是不说，我们怎样向上级汇报？”

听了张贺兆这么一说，李桂荣犹豫了片刻，便说：“既然你们是政府派来的，那我就照实说吧！学义就是在狼牙山跳崖负伤的。我是河北易县狼牙山脚下北管头村的。他跳崖后，腰摔伤了，眼睛也扎伤了，不能打仗了，就转业到我们村。区上为了照顾他，让我跟他结婚，我当时也是敬慕他的英雄品质才嫁给他的。”说罢，李桂荣从里屋一小柜子里取出一个红绸布包，递到张贺兆他们面前说：“这就是狼牙山战斗下来，部队给老宋发的奖章。”

张贺兆慢慢地打开红绸小包，仔细欣赏着这枚奖章。

大家正在传看奖章的时候，宋学义回来了。见此情景，他对妻子说：“谁叫你把这东西拿出来的？真不懂事！”李桂荣急忙解释：“人家是政府派来找你的，你不说，就让各省各县都放下别的工作到处找你，这得浪费国家多少人力物力呀！”

听妻子这么一说，宋学义觉得有一定的道理，便长叹一口气，感慨地说：“本来对组织什么都不该隐瞒，可我总觉得那都是自己的本分，是俺应该做的。再说作为一名党员，不能把眼睛老盯在自己的功劳簿上，更不能以此为资本向党和人民邀功请赏。要论功劳，我的班长马宝玉，副班长葛振林和战友胡福才、胡德林他们才是人民的功臣，才是值得赞扬的。我只是做了我应该做的……”

听罢此言，张贺兆他们在解开心中谜团的同时，也深深地被英雄的思想境界所震动：在日本帝国主义入侵，中华民族处于生死存亡的危急关头，他们浴血奋战，迎着敌人的炮火冲了上去，弹尽援绝之后，毅然决然地舍身跳下万丈悬崖；革命胜利了，人民当家作主了，他却把军功奖章深藏起来，不邀功，不骄傲，默默在农村，为祖国建设，为改变家乡面貌出力流汗，继续为党和人民奉献着自己的一切，对国家却一无所求……

张贺兆匆匆返回县里后，立刻向领导作了汇

报。随后，县委和县政府在王曲乡北孔村，专门为宋学义召开了庆功大会。

1959 年 11 月，宋学义光荣地出席了全国烈属、军属、残废军人和复员退伍军人积极分子代表大会，并受到毛泽东、刘少奇、周恩来、朱德、邓小平等党和国家领导人的亲切接见。宋学义来到北京，兴奋得几夜都没合眼，他感到无比的幸福。一个在旧社会沿街乞讨的要饭花子，受剥削压迫的穷苦农民，今日却能到北京开会，还见到了伟大领袖毛主席，这真是做梦也想不到的事情啊！他不由得更加想念长眠在狼牙山下的班长马宝玉，战友胡福才、胡德林……他默默发誓：班长，我一定会好好干，对得起你们，决不辜负党的培养和人民的期望！

宋学义在家乡的 20 多年间，历任村党支部书记、公社党委书记、县委委员等职，还当选为沁阳县革命委员会、新乡地区革命委员会委员，河南省贫协委员等。不论身居何职，他始终保持我党我军的优良传统，保持革命英雄的本色，从不居功自傲。一直带领广大群众艰苦创业，战盐碱、斗黄

沙，使北孔村和王曲乡发生了翻天覆地的变化，受到上级领导和人民群众的高度赞扬。他先后出席了全国烈军属和残废军人积极分子大会、全国民兵英雄代表大会。

由于宋学义在抗日战争中身负重伤，复员回乡后忘我工作，积劳成疾，身患严重肝病。1971 年 6 月 26 日，宋学义同志病情恶化与世长辞，终年 53 岁。宋学义病故后，其遗体被安放在沁阳市烈士陵园。1979 年河南省人民政府授予宋学义“革命烈士”称号。

永葆本色的葛振林

葛振林和宋学义一起被送到“抗大”二分校学习，毕业后，他俩又一起回到 7 连，重新组建了 6 班。在血与火的洗礼中，新 6 班仍然是全连的“尖刀班”，他们继承老班长马宝玉等 3 位烈士的遗志，顽强战斗在晋察冀抗日根据地。

抗日战争胜利后，葛振林随部队投入到全国解放战争中，天津战役、张家口战役、清风店战役、太原战役等，都留下他英勇顽强的战斗身影。他还随部队参加了抗美援朝出国作战，转战多个战场，多次荣立战功。回国后，先后在湖南省警卫团后勤处、湖南省公安大队、衡阳市人民武装部和衡阳军分区后勤部担任领导职务。1981 年 7 月离职休养。

葛振林离休后，没有想着如何去享清福，而是不遗余力地继续为社会发挥自己的光和热。他最清楚今天的幸福生活是无数革命先辈用鲜血和生命换来的，是多么来之不易，国家红色政权的巩固、祖国未来的发展和建设，自然要落在年轻人的身上。于是，他把全部的精力都用在关心和帮助下一代青少年成长上。他一直担任衡阳市关心下一代工作委员会主任，是衡阳市 10 所中小学的校外辅导员。他给青少年作报告，给孩子们讲光荣传统，讲战斗英雄的故事，还经常给全国的孩子们写信。他所作的报告真实、生动、感人，深深地打动和启迪孩子们幼小的心灵，净化着人们的灵魂，为孩子们从小树立正确的人生观和价值观起到了重要作用。

因此，葛老与孩子们结下了深厚的友谊，老英雄巨大的影响力和感染力成为孩子们心中的一盏灯塔。1988 年，葛振林被国家教委、共青团中央授予“优秀校辅导员”称号，1991 年，被全国关心下一代协会评为先进个人。

葛振林外出作报告从不收取报酬，也从不吃请。能骑自行车的时候就骑自行车，车骑不动了就坐公交车，有时拄着拐杖走着去。报告结束，不但不吃饭，还叮咛对方：“你们别以我的名义吃喝啊，国家还不富裕，有那个钱可以给娃们买多少书本啊！”

葛振林人老了，却忙得很，请他作报告的单位也越来越多。有人好奇地问：“葛老，作报告有报酬吗？”

他回答：“我从来都是义务作报告，没钱。”

确实，葛老把钱看得很淡，把爱和义务看得特别重。他就是这样用自己火热的情感去温暖人、帮助人。

有一次，一个学校的校长给了葛老 20 元的讲课费，钱被葛老扔了出去，还被葛老狠狠地批评了一顿。打那以后，请老英雄作报告，再没人敢给报酬了。相反，给别人捐款、帮助困难的人成了他的家常便饭。不管是哪里发生了灾害，或是发现谁有了困难，他总是第一个捐款，献上一片爱心。葛老的夫人王贵柱老人讲，家里什么都可以省，但这必须是家中一项固定重要的开支。

一次，葛老给孩子们作完报告，出门看到校门外一个小女孩神色忧郁。他连忙上前问，才知道这个学生叫刘虹，因家里给妈妈治病欠下很多债，连吃饭都很困难。妈妈逝世后，父亲不让她上学了，可刘虹很想上学。这天，刘虹想到自己就要离开她喜欢的学校了，于是，流着眼泪在学校门口徘徊。

葛振林把刘虹领回家，让老伴给她做了一餐好吃的饭菜，然后，又到刘虹家里找她父亲谈心，建议不要耽误孩子上学。临走时，葛振林掏出身上仅有的150元钱递给了刘虹的父亲。孩子的父亲被这位好心人感动了，他紧紧地握着葛老的手不知说什么好，然而，他怎么也想不到这位好心人就是著名的全国战斗英雄葛振林。

刘虹同学在她的作文中写道："葛爷爷不仅是

战争年代的英雄，也是当今助人为乐这个‘爱心部落’里的英雄！”

葛振林一生安守清贫，从来不以功臣自居，从来没用英雄名分为自己谋利。他家室内极为简朴。一块湖南省老龄委 1994 年颁发的“革命老人”红匾和镶在镜框里的老照片特别引人注目，一个旧式书柜中整齐地摆放着马列主义文集和军队政治思想教育丛书，旁边放着一把旧藤椅，已经破了几个洞，但葛老仍舍不得扔，他就是一直坐在这把藤椅上读书看报、备课写信，一用就是 40 多年。

葛振林有 4 个儿子，一个儿子在原广州军区某部当兵，另 3 个儿子在工厂当工人，有的因厂里效益不好长年在家待业，但葛老从不向组织提要求寻求关照。

葛振林常对孩子们说：“是党培养了我们，任何时候都不能做对不起党的事情，要凭自己的真本事去找工作。”孙子从入伍当兵到考军校，没利用爷爷的一点关系，直到军校毕业后，同学们也不知道他是大名鼎鼎的狼牙山五壮士之一的战斗英雄葛振林的孙子。

按规定，葛振林每月可享用100多公里的公车待遇，可他从来不用。有时他生病了，要去干休所卫生所看病或打针，他能坐公交车时就坐，不能坐公交车时，就让家里人推着轮椅送他去。有一次，葛振林的孙子发高烧，老伴让葛老打电话给干休所，派个车来送一趟医院。葛老也有些着急，拿起电话正准备拨号时，可又放下了。他对老伴说："你还是叫他妈妈背着孩子坐公交车去医院吧。"老伴不依："平时不指望你派车，今天孙子病成这样，要辆车不行吗！你不打电话我来打！""不行，不能要车！"葛老严厉地制止了。没办法，老伴只好让儿媳冒着烈日背着孙子挤公交车上医院了。

2005年3月21日，葛振林这位老英雄在衡阳市一六九医院因病医治无效，走完了他88年辉煌人生的最后历程。

3月25日上午9时30分，全国著名抗日英雄、狼牙山五壮士之一的葛振林同志遗体告别仪式在衡阳市殡仪馆举行。凄婉低沉的哀乐回荡在告别大厅内，一副副挽联，一束束鲜花，一张张悲痛的脸庞泪流满面……大厅内庄严肃穆，正中悬挂着葛振林同志的遗像，上面是“沉痛悼念葛振林同志”的横幅。大厅中央，葛老英雄一身戎装，安详地躺在鲜花丛中，身上覆盖着中国共产党党旗，四周松柏、鲜花簇拥。

殡仪馆外一副副挽联寄托着人们的哀思——

抗日狼牙山一跳成壮士，英雄事迹彪史册；
跟党干革命万险励志士，赤胆忠心扬英名。
天地含悲，湘水呜咽，国人哀痛英雄已逝；
抗日英雄，铮铮铁骨，狼牙壮士精神永存。

壮士震狼牙纵身一瞬成大义，
悲歌承易水神州千古颂忠魂。
……

葛振林同志的遗体火化后，安葬在衡阳市革命烈士陵园。

不朽的丰碑

1942 年 1 月，为弘扬狼牙山五壮士的革命精神，缅怀革命烈士，激励我根据地军民的抗敌斗志，晋察冀军区第 1 军分区决定在狼牙山棋盘陀顶峰五勇士跳崖的地方建立纪念塔。军分区将建碑方案报到晋察冀边区人民政府，得到边区政府的大力支持。第 1 军分区司令员杨成武、政治委员罗元发等曾多次到现场勘察。

1942 年 10 月初，在狼牙山隆重举行了狼牙山三烈士塔落成典礼。塔的正面书写有“狼牙山三烈士塔”七个大字，塔背面刻有碑文。

三烈士塔巍然屹立在狼牙山上，它像一面迎风飘扬的战旗，鼓舞着晋察冀军民抗战到底的决心。然而，“狼牙山三烈士塔”建成后，令日本侵略者坐立不安，他们十分害怕和嫉恨这座高高耸立的纪念塔，一提起狼牙山上的纪念塔，鬼子就不寒而栗，千方百计地想破坏它。1943 年 10 月，日军架起山炮向三烈士塔轰击，将塔炸毁。

1959 年年初，易县人民政府决定在原址重修纪念塔，聂荣臻元帅亲自题写了塔名“狼牙山五勇士纪念塔”并为纪念塔题词：

视死如归本革命军人应有精神

宁死不屈乃燕赵英雄光荣传统

从此，成千上万的人民群众从四面八方来到这里缅怀狼牙山五壮士的英雄业绩。人们赞美气势磅礴的狼牙山，赞美碧波荡漾的易水河，更赞美中华民族值得骄傲的英雄儿女 5 位壮士及为中华民族的独立和解放英勇献身的英烈们！

为把狼牙山建成革命红色教育基地，更好地弘扬五壮士精神，1986 年，河北省委、省政府拨出专款，第三次修建“狼牙山五勇士纪念塔”。

纪念塔由塔身、碑廊、凉亭、牌楼等部分组成，塔身正面镌刻着聂荣臻元帅亲笔题写的“狼牙山五勇士纪念塔”九个大字，远远望去，乳白色纪念塔耸立在群峰绿色环抱之中，显得更加雄伟壮观，庄严肃穆。

1986年9月25日，“狼牙山五勇士纪念塔”落成典礼仪式在狼牙山脚下的东西水村举行。狼牙山五壮士之一的葛振林也被特邀参加了这一盛会。

特别令人惊喜的是，在狼牙山阻击战发生45年后，葛振林与搭救他和宋学义的余药夫，在这一天终于重逢了，两人情不自禁地拥抱在一起，深情地望着对方，寻找着战争岁月留下的痕迹。

葛振林和宋学义都曾多次念叨：“当年我们在狼牙山跳崖遇险，若不是遇到恩人深夜相救，不是昏死过去，也会被狼吃掉。救命之恩终生难忘呀！”然而，令二位英雄时常感到愧疚的是：“人家救了俺的命，可俺却连‘恩人’的姓名都没记住。”

作为两位幸存者的主要救护者和知情人，余药夫也从没有忘记那个惊心动魄的夜晚。他说：“能搭救两位英雄，是自己的荣幸。”从那时起，他就和狼牙山五壮士结下了终生难忘的情结。在此之后的几十年里，他把弘扬狼牙山五壮士精神作为自己分内的责任，不辞辛劳，默默地收集和研究了大量

狼牙山五勇士纪念塔

有关狼牙山五壮士的史料，还经常应邀到部队和学校给大家讲述狼牙山五壮士的故事，并数十次带着中小学生重上狼牙山，凭吊战斗遗址。他还在报刊上发表了大量关于狼牙山五壮士的纪念文章。后来，他还拖着有病的身体，奔波于湖南、河南、河北、北京等地，先后走访了宋学义的夫人李桂荣，到马宝玉和葛振林的家乡采访，协助确认了胡福才和胡德林的祖籍，还专门拜访了杨成武将军……

两位传奇的老人最后一次见面是 2002 年，当时，葛振林写下 4 句话赠余药夫："狼牙老马，八会雁湘，鱼水真情，地久天长。"以表达他的感恩之情。

1993 年 5 月，狼牙山被河北省人民政府命名为省级爱国主义教育基地。狼牙山阻击战遗址、五壮士跳崖处、五勇士纪念塔、五勇士陈列馆及革命烈士陵园等，无不是当年抗日根据地军民同日本侵略者血战到底的最好见证。每年前来瞻仰、凭吊者络绎不绝。五勇士的鲜血染红了狼牙山，五勇士精神激励着一代又一代的中国人！

05 尾　声

我们憎恶战争，但决不能忘记历史。1958 年，一部反映抗战英雄故事的影片《狼牙山五壮士》由八一电影制片厂摄制完成，上映后，在全国广大人民群众中产生了巨大反响，一时间，狼牙山五壮士的英雄事迹家喻户晓，五壮士的牺牲精神鼓舞和教育了好几代人。影片真实地再现了抗日战争时期发生在敌后抗日根据地五壮士浴血狼牙山、舍身跳崖的气壮山河的英雄故事，生动形象地展现了五壮士勇敢战斗、不怕牺牲的革命英雄主义精神和坚贞不屈、视死如归的民族气节。该影片作为反映中华民族艰苦卓绝抵御外来侵略斗争的优秀文艺作品，在教育国人特别是青少年爱祖国、爱人民，培养民族自尊心、自信心方面发挥了很大作用。该片堪称新中国文艺的红色经典，随着时间的推移，其教育和认知作用历久弥新。

《狼牙山五壮士》电影主题歌也令千万人豪情激昂——

高山擂鼓，大风鸣起锣，
苍天拨动日月琴，江河慷慨悲歌。
昔日易水河畔，渡过英雄荆轲，
易水波浪滚滚，英雄血溅秦国。
啊！昨日狼牙山顶屹立着壮士五个，
棋盘陀上的山壁，壮士挺身跳落。
多少英雄的鲜血，换得锦绣山河！
且看中华儿女，创造幸福中国；
且看中华儿女，创造幸福的中国。

多少年来，历史并未忘记战斗英雄马宝玉、胡福才、胡德林、葛振林、宋学义。在他们原所在部队和家乡或曾经战斗过的地方，不管是为英雄立碑塑像，还是以英雄的名字命名小学、中学和少先队中队等，英雄的形象早已成了人们心中不朽的丰碑。

在英雄马宝玉的家乡河北省蔚县，人们以不同的方式纪念着他，先后命名了“马宝玉小学”“马宝玉中队”，并为马宝玉烈士塑像，还组织编写了《狼牙壮士马宝玉》一书。为加强对青少年的爱国主义教育，他们多次开展以“纪念马宝玉烈士，学习马宝玉精神”为主题的系列活动。

在狼牙山五壮士之一宋学义的故乡河南省沁阳市，有一所用英雄的名字命名的中学——宋学义中学。如今，宋学义中学、宋学义故居和沁阳市革命烈士陵园均已成为当地爱国主义教育基地。

狼牙山五壮士连是一支具有光荣传统和悠久历史的红军连队。在革命战争时期先后参加了长征、雁宿崖作战、黄土岭歼敌、狼牙山战斗、辽沈战役、平津战役等著名战役战斗，在狼牙山战斗中涌现出享誉全国的“狼牙山五壮士”，在古山战役中获得“战斗模范连”荣誉称号。新中国成立后，该连先后参加“大三线建设”，对越自卫还击作战，1998 年长江抗洪，被授予“二级训练模范连”“全面建设模范连”荣誉称号。

连魂：视死如归，宁死不屈。

连训：爱党忠诚，坚贞不屈，英勇顽强，敢于牺牲。

近年来，该连坚持按照新时代基层建设标准抓建，团结带领官兵高标准完成各项任务，先后在12次规模体系演习中担任尖刀连，积极参加各类比武竞赛，涌现出一大批先进典型。自1994年以来，连队连续26年被集团军以上单位评为基层建设标兵单位，2002年被原总政治部表彰为“先进党支部”，2009年被原四总部表彰为“全军先进基层单位”，连队党支部2016年、2018年被南部战区陆军评为“四铁”基层建设标兵单位，2016年和2018年分别被陆军、南部战区陆军评为“先进基层党组织”。先后荣立集体一等功1次，集体二等功7次，集体三等功17次，涌现出一大批英模人物和先进典型。

有人说：“一个没有英雄的民族，是没有希望的民族。”狼牙山五壮士所体现的这种爱国主义和革命英雄主义精神就是我们的民族之魂。正是千千万万五壮士这样的英雄筑起了中华民族的血肉长城，将侵略者赶出了我们的家园，实现了中华民族的独立和解放。历史永远不会忘记那些为中华民族的存亡作出过贡献的人们，他们永远是我们民族的脊梁，他们的丰功伟绩永远是矗立在人们心中的不朽丰碑！

后记

自中国共产党和人民军队诞生以来，无数英雄先烈在炮火硝烟中赴汤蹈火、甘洒热血，凝聚成我们精神天空中最耀眼的星辰。仰望星空，感怀英雄，能为一个人、一支军队、一个国家带来无穷的勇气和力量。“只为人民谋解放，粉身碎骨也心甘。”狼牙山五壮士在胜利完成任务、陷入绝境时，义无反顾地跳下悬崖绝壁。这一跳，悲壮豪迈、气壮山河；这一跳，惊天地、泣鬼神。狼牙山五壮士的英雄壮举是中华儿女的楷模，他们的英雄气概将浩气长存，他们的英勇事迹将名垂青史、流芳百世。

在新时代学习狼牙山五壮士精神，就要像先烈那样，在祖国和人民需要的时候挺身而出、勇往直前、甘于奉献、不怕牺牲。我在编写这本书和查阅有关资料时，时常为五壮士宁死不屈、视死如归的精神感动不已，夜不能寐。在编写过程中，得到军事科学院军队政治工作研究院领导和机关的大力支持；赵一平、李博、邓礼峰、张明金、康月田、陈政举、潘宏等专家学者进行了审读，提出了宝贵的意见；狼牙山五壮士连所在部队提供了珍贵素材。

主要参考资料有:《中国人民解放军战史》(军事科学院军事历史研究部编著/军事科学出版社)、《狼牙山五壮士》(缪永忠、李继光/少年儿童出版社)、《狼牙山五壮士》(纪旭明、吕兰编著/吉林出版集团　吉林文史出版社)、《气壮山河的狼牙山五壮士》(吕玉莲、姜靖榆编著/吉林人民出版社)、《狼牙山五壮士的故事》(赵霞编著/中国社会出版社)等。

在此，谨向关心和帮助本书编写工作的各位领导、专家学者，以及上述书目作者、编辑和狼牙山五壮士连所在部队致以最诚挚的谢意！

图书在版编目（CIP）数据

狼牙山五壮士 / 军事科学院解放军党史军史研究中心编著 .-- 北京：学习出版社，2020.9
（中华先烈人物故事汇）
ISBN 978-7-5147-1007-6

Ⅰ. ①狼…　Ⅱ. ①军…　Ⅲ. ①革命烈士－生平事迹－中国　Ⅳ. ① K827=6

中国版本图书馆 CIP 数据核字（2020）第 148149 号

狼牙山五壮士
LANGYASHAN WUZHUANGSHI
军事科学院解放军党史军史研究中心

责任编辑：李　岩　王　洋　　封面绘画：刘书移
技术编辑：贾　茹　　　　　　内文插图：韩新维
美术编辑：杨　洪

出版发行：学习出版社
北京市东城区崇外大街11号新成文化大厦B座11层
（100062）
010-66063020　010-66061634　010-66061646
网　　址：http://www.xuexiph.cn
经　　销：新华书店
印　　刷：北京盛通印刷股份有限公司

开　　本：787毫米×1092毫米　1/32
印　　张：4.75
字　　数：67千字
版次印次：2020年9月第1版　2020年9月第1次印刷

书　　号：ISBN 978-7-5147-1007-6
定　　价：19.00元

如有印装错误请与本社联系调换，电话：010-67081356